대표민주주의 가이드

대표민주주의 가이드

대표제를 통해 알아보는 민주주의와 정치의 본질

초판 1쇄 펴냄   2020년 6월 15일

지은이   하야카와 마코토
옮긴이   김찬현
책임편집   이송찬

펴낸곳   도서출판 이김
등록   2015년 12월 2일 (제25100-2015-000094)
주소   서울시 은평구 통일로 684 22-206 (녹번동)
ISBN   979-11-89680-23-7 (03340)

값 14,000원
잘못된 책은 구입한 곳에서 바꿔 드립니다.

이 도서의 국립중앙도서관 출판예정도서목록(CIP)은 서지정보유통지원시스템 홈페이지(http://seoji.nl.go.kr)와 국가자료종합목록시스템(http://www.nl.go.kr/kolisnet)에서 이용하실 수 있습니다. (CIP제어번호 : CIP2020021657)

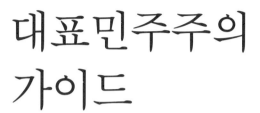

대표민주주의
가이드

대표제를 통해
알아보는
민주주의의 본질

하야카와 마코토
김찬현 옮김

이음

차례

한국어판 서문

졸저 『대표민주주의 가이드』가 한국 독자 여러분의 손에 전해진다는 사실이 제게는 큰 영광입니다. 역자 김찬현 씨와 도서출판 이김에 깊이 감사드립니다.

한국과 일본은 동아시아를 대표하는 민주주의 국가입니다. EIUThe Economist Intelligence Unit가 발표한 2019년도 민주주의지수Democracy Index 2019에서 한국은 23위, 일본은 24위를 차지했습니다. 동아시아 민주주의의 건전성은 양국의 민주주의가 어떤 방식으로 운영되는지에 좌우된다고 해도 좋을 것입니다. 따라서 양국의 정치학계 연구자는 밀접하게 연구를 이어가고 있습니다. 제 전문 분야인 정치사상에서도 2002년도부터 한국정치사상학회와 일본정치사상학회는 정기적으로 공동학술회의를 개최하고 있습니다.

저는 이웃한 민주주의 국가의 일원으로서, 이 책이 한국의 독자 여러분께 참고가 되기를 바랍니다. 그러나 이 책은 1990년대부터 2010년대 중반까지 일본의 정치동향을 배경으로 집필되었으므로, 한국의 독자께서 이해하기 어려운 부분이 있을지도 모릅니다. 그래서 이 한국어판 서문에서는 왜 민주주의와 민주화의 시대에 이 책이 민중과 시민의 행동이 아니라 대표제라는 제도를 주제로 삼았는지, 일본 정치의 맥락에서 보충해 드리려 합니다. 또한 이 책이 출판된 지 여러 해가 지나서 몇 군데 수정하고 싶은 지점도 생겼기 때문에, 여기에 함께 기록해 두겠습니다.

일본 정치는 1990년대에 개혁의 시대를 맞이하였습니다. 문제가 된 것은 이른바 '55년 체제'입니다. 1955년 이래 40년 가까이 자유민주당(자민당)이 국회 의석의 다수를 차지했으며 총리대신을 배출하고 정권을 유지했습니다. 사회당이 유력한 야당으로서 존재했고, 유효한 선거가 실시되었지만, 정권교체는 이루어지지 않았습니다. 정당 체제론에서 일당 우위정당제로 분류되는 상황이었던 것입니다.

이 체제에는 크게 나눠 생각할 때 세 가지 문제가 있었습니다. 첫째, 정권교체의 부재입니다. 선거를 해도 정권교체가 일어나지 않는데, 그것을 민주주의라고 부를 수 있을까요. 둘째, 파벌정치와 정치 부패입니다. 당시 중의원(하원)의 선거제도는 중선거구제였습니다. 선거구의 정수가 복수(대략 3인에서 5인)이었기에, 의회에서 다수가 되기 위해 정당은 동일한 선거구에 복수의 후보자를 세워야만 합니다. 자민당도 당내 파벌 별로 후보자를 출마시켰습니다. 동일 정당의 후보자 사이에는 정책의 차이가 없기 때문에, 이익을 유도하는 일이 선거 활동의 중심이 됩니다. 또한 각 파벌의 리더는 자신이 속한 파벌의 힘을 이용해서 총리대신 자리를 차지하려 했기 때문에, 당내에서는 늘 불투명한 경쟁이 벌어지게 되었습니다. 이렇게 해서 금권정치와 정치의 폐쇄성이 문제시되는 상황이 된 것입니다. 셋째, 리더십의 결여입니다. 당내 경쟁이 중요하니, 국민의 지지를 얻은 리더가 아니라 당내 조정을 잘하는 정치가가 총리대신에 취임합니다. 일본은 의원내각제를 채용하고 있으므로 국민은 국회의원을 선거로 뽑을 수 있으나 총리대신을 직접 선택하지는 못합니다. 이같은 이유 때문에 일본에서 지도력 있는 리더가 나타나지 않는다고 여겨졌습니다.

이러한 상황을 타개하기 위해 여러가지 개혁이 실시되었습니다. 55년 체제는 1993년에 종언을 고했습니다. 뇌물수수 사건에 대한 국민의 비판을 바탕으로, 정치개혁을 주장하는 정치가들이 연립정권을 구성해서 정권교체를 실현한 것입니다. 이듬해에는 소선거구 비례대표 병립제와 정당교부금을 도입하는 정치개혁 법안도 성립했습니다. 이 법안의 목적은 파벌 간 경쟁이 아닌 정당 간 경쟁을 촉진하고, 정당의 리더가 지니는 위상을 높여 정권교체의 실현을 쉽게 만드는 것이었습니다.

또한 내각부의 설치와 자문회의의 활용에 의해 총리대신의 권력이 강화되어 고이즈미 준이치로小泉純一郎처럼 조정력보다도 지도력을 중시하는 총리대신이 나타나게 되었습니다. 원래 수장공선제*를 채용했던 지방정부에서도, 이시하라 신타로石原慎太郎나 하시모토 도루橋下徹 등 포퓰리스트적인 수장이 연달아 출현했습니다. 이러한 동향을 배경으로 국정에서도 수상공선제의 도입이 검토되었습니다.

1993년 정권교체 이후 자민당은 이듬해 재빨리 연립정권의 한 축으로 복귀했으며, 1996년에는 총리대신 자리를 탈환했습니다. 그럼에도 2009년에는 민주당이 선거에서 대승을 거둬 본격적인 정권교체가 실현되었기 때문에, 정치개혁의 성과가 가까스로 나타나기 시작했다고 여겨져 정치에 대한 국민의 기대가 다시 높아졌습니다. 민주당은 '숙의'를 내세워, 의회 내외에서의

---

* 지방 정부의 장을 공선 혹은 직접 선거로 선출하는 제도. ─옮긴이

토론을 중시해 의사결정의 투명성을 확보한다고 주장했습니다.

그러나 현재 일본의 유권자는 이러한 개혁의 성과에 대해 회의적입니다. 강력한 리더는 정치를 변화시켰지만, 다른 한편으로 여론을 분열시키고 경제적 격차를 확대시켰습니다. 민주당 정권은 오키나와 기지 반환 문제에서 미국과 절충을 잘 이뤄내지 못했고, 동일본대지진에서도 서투른 대응을 보여 많은 국민을 실망시켰습니다. 2012년의 선거에서 자민당이 정권을 재탈환한 후 현재까지 정권교체는 일어나지 않았습니다. 결국 정치개혁이 지향했던 것, 즉 정권교체에 동반하는 국민주도의 정치는 충분히 실현되지 않았다고 보입니다.

이들 개혁 중에는 행정기관과 선거제도의 개혁과 마찬가지로 국민에 의한 총리대신의 직접 선출과 정치가와 시민 사이의 숙의 등 시민의 직접 참여를 중시하는 아이디어가 포함되어 있었습니다. 직접 참여의 중시는 패전 후 일관되게 주장되어 온 논점이기도 합니다. 선거를 통한 정권교체가 일어나지 않는 이상 시민의 의견을 정치에 반영시키는 데에는 운동이 꼭 필요했습니다. 또한 20세기 전반에 정치가와 군부의 폭주를 막지 못한 이유 중 하나가 시민참여의 부족이 아니었는가라는 역사적인 문제의식도 있었습니다. 학문적으로도 마루야마 마사오丸山眞男, 마쓰시타 게이이치松下圭一, 다카바타케 미치토시高畠通敏 등 전후 일본의 대표적인 정치학자가 각각 미일안보반대운동, 시민자치추진활동, 베트남전쟁 반대 운동 등으로 시민과 연계해 왔습니다.

저 자신도 그들의 업적을 배우며 자란 세대입니다. 단 1990년대부터 일어난 정치개혁에서 시민의 직접 참여는 충분한 성과를 이루어내지 못했던 것 같습니다. 또한 참여보다 먼저 의회 개혁과 정치가의 자질 향상을 원하는 국민이 많은 것도 사실입니다. 따라서 단지 시민참여를 논하는 것만으로는 오히려 시민의 힘이 결집되는 것을 막을 가능성도 있습니다. 게다가 제가 배운 서양정치사상사에서는 민주주의의 촉진과 함께 민주주의의 제어 또한 오래된 주제였습니다. 그러한 시각에서 현대 서양의 정치이론을 검토해 보니, 시민참여를 중시하는 참여민주주의와 직접민주주의에 대한 연구 못지않게 대표민주주의에 관한 연구 또한 진행되고 있음을 알게 되었습니다. 그래서 저도 일본에서 이야기되는 시민참여론의 중요성을 인정함과 동시에, 대표민주주의의 의의와 중요성까지 이해해야만 민주주의를 개선시킬 수 있다고 생각했던 것입니다.

실제로 시민참여의 중시가 생각지도 못한 결과를 가져 올 가능성도 있습니다. 제가 근무하는 릿쇼대학立

正大学은 전후 한때 이시바시 단잔石橋湛山, 1884-1973을 학장으로 맞아들였습니다. 이시바시는 전쟁 이전에 저널리스트로서 일본의 식민지 정책을 비판하는 '소일본주의'론을 전개했고, 전후에는 정치가로서 대장성 대신과 총리대신을 역임한 인물로, 종종 급진적 평화주의자, 민주주의자, 자유주의자로 평가받습니다. 1919년 보통선거를 요구하는 시위에도 참여했으니 과연 그럴 만합니다. 그러나 그는 의회 정치를 우회하면서 민중의 직접적인 행동에 기대를 거는 일에는 신중했습니다. 왜냐하면 군부가 의회에 대한 비판을 민주주의에 대한 비판으로 악용해서 전쟁으로 치달을 수 있다고 생각했기 때문입니다. 그리고 이시바시가 우려했던 것처럼 신뢰가 떨어진 일본의 의회정치는 군부의 세력에 집어삼켜졌고, 일본은 군사 국가의 길을 걸었습니다.

　　이 책은 시민에 의한 권력 행사를 부정하지 않습니다. 동일본대지진 이후 반원전시위, 아베 정권의 안보 정책에 반대한 SEALDs*의 시위 등 최근 들어 일본에서도 중요한 정치적 의의를 지니는 시민운동이 전개

---

*　Students Emergency Action for Liberal Democracy, 自由と民主主義のための学生緊急行動. 자유와 민주주의를 위한 학생긴급행동.
　　—옮긴이

되었습니다. 또한 이 책은 정치가가 민중보다 우월하다고 주장하지도 않습니다. 대표민주주의에서는 시민들 중에 정치가가 선출되므로, 시민과 정치가 사이에 절대적인 능력의 차이는 없습니다. 이 책의 주장은 다음과 같습니다. 권력을 다루는 것은 시민에게나 정치가에게나 어려운 일이며 경우에 따라서는 위험한 행위이므로, 민주주의를 실현하기 위해서는 제도와 교육의 측면에서 끊임없이 고민해야 한다는 것입니다. 대표민주주의는 그런 고민이 결실을 맺은 한가지 형태입니다. 장래에도 이 형태가 유효할 지는 알 수 없습니다. 그러나 현재 왜 대표제가 시행되고 있는지를 이해한다면 새로운 민주주의를 창조하는 데에도 유익하리라 생각합니다.

물론 그렇다고 해도 한국과 일본은 민주주의가 성립한 경위도 다르고 제도도 다릅니다. 격렬한 민중운동을 거쳐 민주화를 쟁취한 한국과 전쟁에 졌기 때문에 외부에 의해 적어도 부분적으로는 민주화가 일어난 일본. 대통령제를 채택하여 리더의 행동이 정치를 크게 좌우해 온 한국과 의원내각제에서 리더십의 결여로 고심해 온 일본. 무엇이 민주주의의 문제점인지에 대해 아마도 양국 시민의 인식도 다를 것입니다. 다만, 인식의 차이를 아는 것 또한 양국이 서로 깊게 이해하는 데 도움을 줄 것입니다. 이 책이 그에 일조하기를 기원합니다.

아래에서는 일본어판의 문제점을 두 가지 지적하고자 합니다.

첫째, 매니페스토Manifesto 정치에 관해서입니다. 이 책에서는 매니페스토 정치를 한나 피트킨Hanna Pitkin의 모델을 따라 권위부여형으로 다룹니다. 매니페스토로 정리된 공약의 실현에 대해, 국민이 선거로 정치가에게 권한을 부여한다라는 것이 매니페스토 정치이기 때문입니다. 그러나 일단 권한을 부여한 뒤에는 시민이 정치가를 통제할 수 없게 된다는 피트킨의 경고대로, 일본의 민주당 정권 아래에서는 정치에 국민의 목소리가 닿지 않는 경직적인 운영이 보였습니다. 다만 피트킨의 권위부여형은 백지위임 모델로, 사전에 공약을 명시하는 매니페스토형과는 다릅니다. 이 점에서 이 책의 기술은 부정확하며, 매니페스토 정치는 굳이 따지자면 제인 맨스브릿지Jane Mansbridge의 약속형에 가까울지도 모릅니다.

둘째, 다소 학술적인 내용입니다만, 애당초 피트킨이 저술한 『대표의 개념The Concept of Representation』(University of California Press, 1967)을 독해할 때 부적절한 지점이 있었습니다. 피트킨의 책은 권위부여형을 앞쪽에 두고, 그 영향력의 강력함과 병폐를 지적한 후 묘사적(기술적) 대표관과 상징적 대표관을 소개한 뒤 실질적 대표관을 제시합니다. 그래서 이 책에서는 피트킨이 권위부여형을 비판하고 실질적 대표관을 높게 평가한 것으로 해석합니다. 그러나 본래 주장에 비추어 볼 때는, 각 대표관은 동등하며 그에 대한 종합적인 이해가 중요하다라는 해석이 타당할 것입니다.

다만, 이같은 수정을 더하더라도 이 책의 최종적인 주장은 변하지 않습니다. 민주주의의 본뜻은 민중에 의한 권력 행사지만, 직접제와 대표제 모두 민중이 어떤 방식으로 권력을 행사할 것인지를 정한 제도의 하나일 뿐, 어느 한쪽이 더 민주적이고 다른 한쪽이 비민주적인 것은 아닙니다. 한일 양국은 민주주의 국가로서 얼마든지 민주주의를 구현하는 아이디어를 공유하고 이야기 나눌 수 있는 관계라고 생각합니다. 이 책이 그러한 관계를 촉진할 수 있다면 저자로서는 더할 나위 없는 기쁨입니다.

2020년 5월,
신종코로나바이러스로 교류가 정체된 상황에서
다시 양국의 교류가 활발해지기를 기원하며
하야카와 마코토

옮긴이의 말

눈썰미 좋은 한 정치학도 출신 편집자에게서 문자 메시지를 받았습니다. '지금 눈여겨보고 있는 책에서 대표민주주의를 다루는 방식이 흥미로운데, 구글 번역을 써 가며 힘겹게 읽고 있으니 일부 내용을 확인해 줄 수 없겠냐'는 내용이었습니다. 보통은 이런 단발 요청에 응답하지 않지만, 평소 정치학 공부에 여러모로 도움을 준 동학同學의 부탁인 데다가 이 책에서 주요하게 다루는 한나 피트킨의 저서『대표의 개념』강독회에 함께 참여하기도 했고, 보내준 내용에 대한 해설까지 들을 수 있으니 일종의 지적 물물교환인 셈이었습니다. 무엇보다 내용 자체가 재미있었습니다. 대표민주주의 속에서 살아가고 있다면 최소한 이 책에 나와 있는 내용 정도는 제대로 알아야겠다는 확신이 들었고, 결국

책 전체를 구해서 번역하는 데 이르렀습니다.

2010년대 중후반, 민주주의 체제의 근간이 흔들린다는 데 위기의식을 느낀 수많은 시민들이 '촛불'을 들고 광장으로 뛰쳐나왔습니다. 원인을 제공한 대통령이 결국 헌법 절차에 의해 탄핵되는 초유의 사태를 겪었지요. 그렇게까지 큰 사건이 된 데에는 역시 '정당한 민주적 대표성'이 훼손되었다는 문제가 핵심이었습니다. 그때 시민이 지키고자 했던 민주주의는, 명확한 언어로 표현되지는 않았을지언정 대표제로서의 민주주의, 즉 대표민주주의였을 것입니다. '촛불'은 한국 사회의 공론장이 민주주의에 대한 다양하고 새로운 시각으로 채워지는 계기가 되었습니다. 이때 특히 많이 언급된 것이 바로 직접민주주의입니다. 정권이 교체된 이후에는 바로 그 직접민주주의라는 기치 아래 '국민청원게시판'과 '공론화위원회'가 설치되기도 했으며, 이 제도들은 평가 여하를 떠나 여론과 국정 운영에 실제로 적지 않은 영향을 미쳤습니다. 어떤 정치가는 이같은 제도를 옹호하기 위해 "대의민주주의는 직접민주주의를 보완하는 것이고 기본은 직접민주주의"라는 논리를 펼치기도 했습니다(잠시 학문적 엄밀성을 내려 놓고 말하자면 이 정치가가 말한 대의민주주의는 대표민주주의를 가리킨다고 볼 수 있겠습니다). 아마 대부분의 사람들은 이 정치가와 비슷한 생각을 하지 않을까 싶습니다. 저 또한 마찬가지였고요.

　그런데 '국민청원게시판'이나 '공론화위원회'는 정말 직접민주주의를 구현한 제도일까요? '국민청원게시판'은 온라인을 통해 행정부에 직접 목소리를 전달할 수 있는 웹 서비스 창구로, 많은 시민이 편하게 이용할 수 있다는 점에서 확실히 직접민주주의적인 요소를 지니고는 있습니다. 시민의 참여 영역을 확장했다는 점에서 긍정적인 측면이 있지요. 그러나 웹에 대한 접근성이 떨어지는 시민이나 자주 접속하지 않는 시민의 의견은 드러나기 쉽지 않으며, 잘 설계된 여론조사와 달리 이슈에 따라 특정 집단의 의견이 과대표될 가능성도 있습니다. 장점과 단점 중 어느 쪽이 더 크다고는 판단하기 어렵지만, 전국민의 목소리가 공평하게 반영된다고 하기에는 한계가 뚜렷합니다. '공론화위원회'의 경우, 현실적으로 위원회에 참여할 수 있는 사람은 전체 시민 중 극히 일부입니다. 따라서 공정성을 확보하기 위해 다양한 입장을 지닌 전문가와 시민을 적절한 비율로 조정해 위원회를 구성해야 합니다. 이는 논의 자체의 성숙을 추구한다는 점에서 숙의민주주의에 가까워 보입니다. 두 제도 모두 직접민주주의를 지향하나, 순전한 직접민주주의를 구현했다고는 하기는 어렵습니다.

한편 일본에서는 한국과는 다른 맥락에서 직접민
주주의가 소환되었습니다. 2000년대 내내 내각 총리
대신이 빈번하게 교체되는 등 불안정한 리더십과 '결
정 못하는 정치'에 많은 사람이 염증을 느꼈습니다. 이
러한 배경에서 제안된 것이 수상공선제(총리직선제)입
니다. 국회의 의결로 총리를 지명하는 간선제를 폐지하
고, 투표를 통해 국민이 직접 리더를 선출할 수 있게 하
자는 주장이 힘을 얻었지요. 정치가들 사이의 밀실 담
합을 방지하는 등 선출 과정의 투명성을 담보하고, 선
출된 총리에게 강력한 정치 기반을 제공한다는 점에서
는 확실히 매력적인 주장입니다. 비슷한 논리가 한국을
비롯해 많은 민주주의 국가가 채용하고 있는 대통령 직
선제에도 적용되고요. 그러나 앞서 살펴 본 한국의 사
례와 비슷하게, 일본에서도 절차가 띄는 직접성과 직접
민주주의가 구별되지 않고 혼용되는 문제가 있었습니
다. 대표민주주의에 한계가 많다는 생각에만 초점을 맞
춘 나머지 수상공선제 또한 대표제에 포함된다는 사실
을 제대로 인식하지 못한 것이지요. 이것이 이 책의 1장
에서 다루는 내용입니다.

　　다만 이 책이 출간된 2012년과 2020년 현재의 일
본 상황은 다릅니다. 2009년 민주당이 1955년 이래 처
음으로 자민당을 제치고 중의원 총선거에서 압도적으

로 승리했지만, 2011년 동일본대지진과 후쿠시마핵발전소사태 수습에서 미진한 모습을 보이는 등 리더십 부족으로 정권을 다시 자민당에 내주었고요. 2012년 취임한 아베 신조安倍晋三 총리는 2020년 5월 현재까지 재임 중이며, 이미 일본 역사상 최장 임기 총리가 되었습니다. 결국 앞서 언급한 수상공선제가 아직까지 도입되지 않은 대신 자민당의 장기 집권 체제로 회귀한 것처럼 보입니다. 실제로 내려진 결정의 옳고 그름을 떠나, 일본 국내 정치의 관점에서 냉정하게 평가하자면 '결정할 수 있는 정치'의 이미지를 획득한 정당이 수권을 획득했다고 볼 수 있습니다. 한편 2020년 초 코로나19의 세계적 대유행이라는 불의의 사태가 발생했고, 현 정부의 대응에 관한 논란이 불거지며 내각 지지율이 재집권 이후 최저치를 갱신하고 있는 상황인데요. 리더십에 대한 불신이 깊어지고 있다는 의미에서 2011년과 유사한 점이 있으나, 정치 지형이 바뀌고 새로운 담론이 떠오르는 계기가 될지는 지켜봐야 할 것 같습니다.

2장에서는 직접민주주의의 대안으로 거론되는 숙의민주주의의 특징과 한계를 살펴봅니다. 최근 숙의민주주의론이 떠오른 배경에는 의회의 기능부전으로 대변되는 대표제의 위기를 극복하고 사회적 유대를 회복해야 한다는 생각이 깔려 있습니다. 숙의론의 보급에 가장 크게 기여한 위르겐 하버마스Jürgen Habermas에 따르면, 민주주의에는 개인의 사적 이익이 강조되는 자유주의적인 측면과 시민이 정치에 참여할 권리가 강조되는 공화주의적인 측면이 있습니다. 그리고 이 두 가지 측면이 조화롭게 기능하기 위해서는 제도화된 의회와 공공 소통망이라는 '투 트랙'을 통해 활발한 토의가 이루어져야 합니다. 시민에게 높은 수준의 소양이 요구되므로 자유주의보다는 공화주의에 무게가 실린 주장이라고 할 수 있습니다.

숙의민주주의는 직접민주주의를 지향하는 측면이 있습니다. 시민이 토의 과정에서 시야를 넓혀 의견을 바꿀 수 있어야 하고, 시민의 적극적인 참여를 필요로 하며, 발언에 일정한 요건이 성립해야 한다는 특징이 있습니다. 이를 구현한 제도로 토론형 여론조사, 시민 토론회, 참여형 예산, 시민배심 그리고 미니 퍼블릭스 등을 들 수 있는데요. 특히 미니 퍼블릭스는 무작위 추출로 선출한 사람을 시민 전체의 축소도로 보고 의사결정에 활용하려는 시도인데, 모두가 공평하게 기회를 가질 수 있으며 특정 이해관계를 대변하는 계급 혹은 집단의 영향을 줄인다는 점에서 좋은 평가를 받고 있습니다. 다만 이러한 제도가 직접민주주의를 지향하는 부분이 있을지언정, 무작위로 선출된 사람들을 시민 대표라고 볼 때 이 또한 대표제의 한 형식이라는 주장과 상충하지 않습니다. 이러한 논의를 끝까지 밀고 나가면, 굳이 '투 트랙'이어야 하는지에 대한 의문이 발생합니다. 이처럼 숙의민주주의는 많은 부분이 대표제에 가까운 형식을 취하고 있음에도 자신의 대표제적 성격을 충분히 설명하지 않는 약점이 있습니다. 그러나 숙의민주주의가 전혀 다른 직접제의 모델을 제시할 가능성도 배제할 수 없겠지요. 바로 이 지점에서 직접제에 비해 대표제가 우월한 고유성을 지니는지 검토할 필요가 뚜렷해집니다.

앞에서 절차적 직접성과 직접민주주의 사이에 존재하는 거리를 살펴 보았습니다만, 여전히 해소되지 않는 의문이 있습니다. 앞의 사례들을 극복할 만한 직접민주주의 제도를 구현해 낼 수 있다면, 대표민주주의는 대체되어야만 하는 것일까요? 만약 물리적 한계로 인해 직접민주주의의 제도적 구현이 원천적으로 불가능하다면, 대표민주주의는 어쩔 수 없이 채택해야 하는 필요악일까요? 그렇기에 완벽하지는 않더라도 직접민주주의적인 요소를 최대한 도입해야 하는 것일까요? 이 책은 정치철학의 굵직한 성과를 짚어봄으로써 이 물음에 긍정하기 어려운 이유를 제시합니다. 대표민주주의는 어쩔 수 없이 채택할 수밖에 없는 필요악이 아니며, 그 자체로 직접민주주의에는 없는 고유한 장점을 지녔다고 말이지요.

3장에서는 평소 당연하게 생각해 왔던 '대표'가 사실은 여러 사상이 얽혀 있는 복층적인 개념임을 보여줍니다. 특히 '위임'과 '독립'의 관점에서 상충하는 요소들이 서로의 결점을 보완한다는 저자의 지적은 눈여겨볼만 합니다. 토마스 홉스Thomas Hobbes의 『리바이어던 Leviathan』에서 강조된 권위부여형 대표, 대표되는 이와의 합목적적인 정체성을 공유하는 묘사적 대표, 사후적 평가로 유권자와 연결되는 책임적 대표, 감정이나 신앙에 기반한 상징적 대표 등, 20세기의 정치철학 고전이라 불리는 한나 피트킨의 저서 『대표의 개념』에 기반한 분석틀로 대표제에 내재한 다양성을 명료하게 풀어냅니다. 이 책의 기초를 이루는 내용으로 곱씹어 볼 가치가 있는 부분입니다.

4장에서는 민주주의에 대한 자유주의적 분석을 통해 대표제라는 사상의 정당성을 이끌어냅니다. 시작은 카를 슈미트Carl Schmitt의 의회민주주의 비판입니다. 그는 나치 시절의 공법학자로, 자유주의적인 성격을 지닌 의회주의와 민주주의를 대치시키는 이분법적 구도를 설정한 후, 독일 의회의 부정적인 측면을 부각하며 '갈채형 민주주의'로서의 독재가 성립할 수 있다고 주장했습니다. 그렇게 정당화된 체제에서 어떤 끔찍한 일이 벌어졌는지 우리는 너무나도 잘 알고 있지요. 그런데 여기에서 발상의 전환을 한번 해 봅시다. 같은 이분법적 구도에서 의회민주주의를 옹호하는 것 또한 가능합니다. 민주주의가 다양성을 억압하는 방향으로 폭주할 위험을 의회제가 통제한다는 생각인데요. 이는 20세기 후반의 자유민주주의가 실제로 높은 신뢰성을 얻음으로써 정치적 현실에 바탕한 통설이 되었습니다. 다만 이러한 이분법적 구도에 의거한 통설은 민주주의를 직접민주주의와 동일시한다는 문제가 있으며, 자유주의와 민주주의 양쪽에 걸쳐 기능하는 대표제의 특성을 충분히 그려내지 못한다는 점에 유의해야 합니다.

이와 같은 문제의식은 조지프 슘페터Joseph Schumpeter의 엘리트주의적 민주주의론으로 이어집니다. 그의 엘리트주의는 정치가가 인민보다 우수하다고 주장하지는 않습니다. 다만 20세기 전반부 세력이 크게 확장된 사회주의와 직면한 슘페터는, 중앙집권적 통제경제가 인민의 의지를 강조하는 민주주의와 결합할 때 벌어질 수 있는 자유의 박탈을 우려했습니다. 인민의 의지는 미리 상정할 수 없는 모호한 것이며, 폭압적인 전제 지배로 흐르거나 특정 이데올로기 혹은 이익집단에 좌우될 위험성을 지니고 있습니다. 이처럼 인민의 일체성을 당연시할 수 없는 현실을 직시해, 정치가의 경쟁을 강조하는 슘페터의 민주주의론이 탄생했던 것입니다.

여기까지만 보면 직접민주주의와 대표민주주의는 오직 대립적인 구도일 수밖에 없는 것처럼 여겨질 수도 있습니다. 그러나 고대 그리스의 직접제와 현대의 대표제를 비교해 보면 꼭 그렇지는 않습니다. 전자의 민회는 추첨제로 구성원을 뽑지만 추첨 대상이 되는 것 자체에 상당한 책임성이 요구되었고, 후자의 선거에서는 원칙상 누구나 후보가 될 수 있는 동시에 어떤 의미에서든 뛰어난 시민이어야 한다는 압력을 받습니다. 즉 직접민주제에도 현대의 대표민주주의적인 요소가 있습니다. 직접민주주의와 대표민주주의의 가장 큰 차이는 무작위 순환과 선거 투표에 있는데, 이는 선출 제도의 차이일 뿐 어느 한쪽이 민의의 반영을 중시하고 다른 쪽이 위임을 중시한다고 볼 수 없습니다. 여기에 더해 대표민주주의에서는 추첨제의 '우연'보다는 선거를 통한 시민의 '선택'이 정치에 큰 영향을 미친다는 점이 중요합니다. 바로 이같은 측면이 평가 받았기에 대표민주주의가 현대의 대표적인 정치제도로 자리잡을 수 있었을 것입니다.

2000년대 이후 직접민주주의의 요청과 관련된 한

일 양국의 사례로 시작해서, 대표민주주의가 지니는 다양한 측면과 함께 대표제가 직접제와 어떠한 관계를 맺고 있는지 본문의 요약과 함께 간단히 살펴보았습니다. 현재 한국 사회의 구성원이라면 누구나 시민들의 힘으로 이루어 낸 민주화의 역사와 민주주의의 가치에 대해서는 가슴 깊이 공감하리라 생각합니다. 그에 비해 민주주의가 지니는 제도적 특성에 대해서는 깊게 생각해 볼 기회가 적은 것 같습니다. 저 스스로도 민주주의 공부를 하기 위해 이 책을 옮기게 되었는데요. 번역된 글의 첫 독자로서 정말 즐거웠습니다. 제게 이 책을 접할 기회를 제공해주신 오윤근 선생님,『대표의 개념』강독회를 통해 양질의 텍스트와 논의를 제공해주신 홍철기 선생님, 그리고 한국에 이 책을 소개하기로 결심해 주신 도서출판 이김의 두 대표님께 진심으로 감사의 말씀을 전합니다.

2020년 5월
서울 당산동에서
김찬현

일러두기

1. 이 책의 주요 개념인 수상공선제는 총리직선제와 같은 말로, 국민이 투표로 수상(총리)를 선출하는 제도를 말합니다.

2. 대표민주주의와 대의민주주의, 대표제 민주주의는 서로 다른 개념이 아니며, 이 책에서는 대표민주주의로 통일하여 사용하였습니다.

3. 이 책의 인용문은 모두 일본어 원서의 내용을 재번역한 것이며, 한국어로 번역 출간된 책은 한국어판의 서지정보를 병기하였습니다. 인용된 책의 서지정보는 경우 본문에서는 한글로 번역하고 미주로 원서정보를 기재하였습니다.

들어가며

이 책에서는 대표민주주의라는 딱딱하고 어려운 주제를 다룰 예정이다. 이 논의는 쉽게 말해 이런 주장들에 대한 의문에서 시작됐다.

정치가는 믿을 수 없다.
정치는 민의를 반영하지 않는다.
결정할 수 있는 정치를 실현해야 한다.
시민이 정치의 주역이다.
지금 같은 의회는 필요 없다.
민주주의는 최고의 정치제도이다.

언뜻 보면 모두 당연한 말 같다. 그러나 정치학자인 나로서는 이런 주장이 옳다고 단언할 확신이 없다. 좀 더 분명히 말하면 잘 모르겠다는 생각이 강하게 든다.

그래서 가끔 명쾌하게 대답하는 사람을 만나면 의심부터 든다. 지금 일본에는 정치가를 믿을 수 없다는 사람이 많고, 민의의 중요성을 설파하는 사람도 있다. 그런 사람과 만나면 '나는 정치가를 믿는데…'라거나 '민의 같은 것이 정말 있느냐'고 묻고 싶어진다.

그 반대의 경우도 마찬가지다. 정치가를 신뢰하는 사람에게는 '정치가의 어떤 부분을 신용하느냐'고 묻고 싶고, 민의의 어리석음을 설파하는 사람에게는 '민주주의를 부정하는 것이냐'고 묻고 싶어진다.

나는 이 책을 통해 이같은 고민과 의문을 학문의 언어로 표현하려 했다. 대체 왜 이런 고민을 하는지 설명이 필요해 이야기가 길어지거나 복잡해진 곳도 많다. 예리한 연구자의 논문을 읽을 때의 깔끔한 느낌은 아마도 이 책에서는 찾을 수 없을 것이다.

그러나 이런 생각도 든다. 정치의 세계가 원래 복잡한 것이니, 그에 대해 적힌 내용 또한 복잡하더라도 괜찮지 않을까? 유능한 연구자라면 복잡한 것을 알기 쉽게 설명할 수 있다고들 흔히 말하지만, 아무리 알기 쉽게 설명해도 연구 대상 자체의 복잡성은 사라지지 않으니 말이다.

번거롭겠지만 생각을 거듭해 남긴 내 사고 과정을 느긋하게 따라와 주길 바란다. 정치는 많은 사람에게 영향을 미치는 영역이다. 그만큼 시간과 노력을 들이기에 충분히 가치 있는 일이라 생각한다.

서장
대표제는 필요악인가?

대표제는 시대착오적이다?

이 책의 주제는 대표민주주의다. 의회민주주의나 간접민주주의라고 해도 좋다. 엄밀히 말하면 이들 사이에는 차이가 있으며 '민주주의'라는 명칭과 관련해서도 '민주정', '민주제' 혹은 영어 발음대로 쓴 '데모크라시' 중 무엇을 사용할 것인지에 관한 논의도 있다. 그러나 여기서는 그러한 차이를 신경쓰지 않고 한데 묶어 생각하고자 한다. 미묘한 의미의 차이나 그에 따른 문제점에 대해서는 후에 다시 검토할 기회가 있을 것이다.

대표민주주의에 대해 군이 고민해야 할까? 이런 질문을 하게 된 까닭은 이 주제를 시대착오적이라고 느끼는 사람이 많아진 듯해서다.

일본에서는 1990년대에 들어 정치개혁이 실행되

었고 2000년대에는 자민당과 민주당 사이의 본격적인 정권교체가 이루어졌다. 그럼에도 유권자의 불만은 해소되지 않았다. 그러니 대표제의 개선을 포기하는 분위기가 감돌아도 이상하지 않다. 시민참여나 가두시위처럼 대표제라는 틀 밖에서 정치를 바꾸려는 움직임이 주목받는 것 또한 당연하다. 건설적인 논의의 초점은 대표제를 넘어선 정치개혁, 이른바 포스트 대표제로 이행하는 중인지도 모른다.

대표제와 규모의 논리

그럼에도 이 책에서는 대표민주주의를 다룬다. 여기에는 몇 가지 이유가 있다. 첫 번째 이유는 대표민주주의에 대한 비판이 항상 공정하게 이루어진다고 보기는 어렵기 때문이다. 역사적·사상적 측면에서 대표제는 현재 우리가 기대하는 바와는 다른 기능과 역할을 담당하고 있는 것은 아닐까 한다.

한 가지 예를 들어 보자. 대표민주주의에 대한 교과서적 설명으로 자주 등장하는 것 중 하나가 규모를 이유로 드는 대표제 옹호론이다. 이 주장에 따르면 민주주의가 꽃핀 고대 그리스의 아테네에서는 원래 입법기관인 민회에 전원이 참여하는 직접민주주의가 구현되었고 이것이야말로 민주주의의 순수한 형태라고 한다.

그런데도 근대 이후의 민주주의에서는 간접제가 주를 이뤘다. 인구가 적었던 그리스 도시국가와는 달리 근대 이후의 주권국가에서는 인구도 늘어나고 영토도 현격하게 넓어졌다. 전원이 참여하는 집회는 비현실적이다. 또한 넓은 영역의 다양한 이해관계에 대한 충분한 이해를 요구하는 것도 시민에게 지나친 부담이 된다. 따라서 대표로 정치가를 선출하고 그들이 모인 의회를 축으로 정치를 운영할 수밖에 없다.

이러한 방법은 인민 스스로가 정치에 관여하지 않는다는 점에서 직접민주주의와 다를지도 모른다. 그러나 인민 자신이 대표자를 선택하고 경우에 따라 파면한다면, 인민은 대표자를 매개로 정치에 참여한다고 말할 수 있다. 간접적으로라도 참여하고 있는 이상 민주주의라고 부르는 데 큰 문제는 없다. 이것이 현대에서 쉽게 접할 수 있는 전형적인 주장으로, 규모를 이유로 드는 대표민주주의 옹호론이다.

민주주의의 전성기인 지금 다른 정치체제나 정치사상을 정당화하기는 곤란하다. 따라서 만약 실현 가능한 민주주의가 대표제 밖에 없다고 한다면, 대표민주주의를 채용할지 말지는 옳은 정치를 이해하고 실천하고 있는가를 판단하는 절대적인 기준이라고도 말할 수 있 겠다.

그러나 규모의 논리는 대표제가 아무리 중요하더 라도 결국 편의를 위한 직접민주주의의 대용품에 지나 지 않는다고 말한다. 즉, 규모가 작다면 직접민주제를 실시할 수 있으나 규모가 클 경우 현실적으로 불가능하 기 때문에 **어쩔 수 없이** 대표민주주의가 채용된다는 것 이다.

실제로 제2차 세계대전 후 도입된 일본의 민주주 의에서도 이같은 이유로 대표제가 채용됐다. 1948년(쇼 와 23년)과 1949년(쇼와 24년) 문부성에서 상하권으로 출간한 교과서 『민주주의』(고미치쇼보, 1995)[1] 1장 '민주 주의의 본질'에는 다음과 같이 기술되어 있다.

앞서 말한 것처럼 근본정신으로만 따진다면 민주 주의에는 단 한가지 종류 밖에 없다. 그러나 정치 를 민주적으로 실행하기 위한 절차로는 두 가지 형태가 있다. 그중에서도 널리 시행되고 있는 형 태는 '대표민주주의'라 불린다. 국민의 대다수는 회사에 근무하거나, 밭을 경작하거나, 주방 일과 육아를 할 수밖에 없으므로, 공적인 사안에 시간 과 정력을 조금밖에 할애할 수 없다. 따라서 그들은 국회나 시의회 및 기타 정치상의 결정을 하는 곳에 자신들을 정당하게 대표할 수 있는 사람들을 동료 중에서 고르는 것이다. 한편 다른 형태의 민주주의에서는 국민의 의견이 대표자를 통하지 않고 정치상의 결정 과정에 직접적으로 드러난다. 즉, 법률을 정하거나 대통령을 선출할 때 국민이 직접 투표를 수행하는 방법이다. 이를 보통 '순수 민주주의'라 부른다.

다음은 같은 책 제3장 '민주주의의 여러 제도'에서 한 부분이다.

직접민주주의는 국민의 의지로 직접적으로 입법 문제를 결정하려는 것이므로, 민주주의로서는 가장 철저한 형태다. 그러나 다른 한편으로 입법 문제는 상당히 복잡하다. 그런데 국민의 대다수는 결코 법률을 자세히 안다고 할 수 없다. 이처럼 어려운 입법 문제에 대해, 충분한 법률 지식을 지니지 않은 국민이 직접 투표해 결정할 경우, 변덕이나 우연에 의해 사안이 좌우될 우려가 있다. 여기가 직접민주주의에 관한 논의가 갈라지는 지점이다. 어느 쪽이든 국민의 정치 상식이 상당히 높아

지지 않는 이상 직접민주주의를 실시한다고 해도 꼭 좋은 효과를 기대할 수 있으리라는 보장은 없을 것이다.

앞의 논의에서 '근본정신'을 반영한 '가장 철저한 형태'란 직접민주주의를 가리킨다. 대표민주주의의 채택은 차선책에 지나지 않는다는 의식을 엿볼 수 있다.

그러나 대표제가 정말 직접민주제의 대역에 지나지 않는 것일까. 앞서 인용한 『민주주의』에서도, 제3장의 뉘앙스는 약간 다른 듯하다. 만약 '결코 법률에 밝다고 할 수 없는' 국민의 '변덕이나 우연에 의해 사안이 좌우될 우려'가 직접민주주의의 결점이라면, 대표제에는 직접제에 없는 고유한 장점이 있다는 뜻이 되기 때문이다. 즉, 정치에 관해 일정 수준 이상의 지식과 판단력을 지닌 대표자에게 맡기는 대표제가 직접제보다 본질적으로 바람직하다는 말이 된다.

실제로 대표제의 고유한 가치를 인정하는 의견에는 대표제를 편의적인 필요악으로 보는 의견과 마찬가지로 오랫동안 이어진 전통이 있다. 미국 건국의 아버지 중 한 사람이자 제4대 대통령인 제임스 매디슨James Madison이 논한 미국의 민주제가 그 전형이다. 매디슨이 『페더럴리스트』(박찬표 옮김, 후마니타스, 2019) 제10번에서 기술한 바에 따르면, 대규모 영역을 가진 정치 단위에서의 민주제는 대표제를 채용함으로써 파벌의 지배로부터 해방된다.

매디슨은 소수의 시민이 자발적으로 모여 통치하는 사회를 '순수민주주의pure democracy'라 부르고, 이를 '대표라는 제도를 지닌 통치구조'인 '리퍼블릭republic(공화정)'과 구별했다. 명칭은 다르지만 각각 직접민주주의와 대표민주주의에 대응한다고 봐도 좋다. 또한, 순수민주주의의 결점은 '거의 모든 경우에 공통의 감정 혹은 이익이 전원 중 과반수의 그것에 영향을 받아 같아지게' 되어 버린다는 데 있다고 했다.

과반수의 지지를 얻을 수 있다면 민주적인 결정으로 전혀 문제 없다고 생각할 수도 있겠지만 매디슨은 그렇지 않았다. 매디슨에게 파벌이란 '전체 중의 다수든 소수든, 일정수의 시민이 다른 시민의 권리에 반하거나 공동사회의 영속적 · 전반적 이익에 반하는 감정 혹은 이익 같은 공통의 동기로 결합하여 행동하는 경우, 그 시민들을 가리키는 것'이기 때문이다.

어떤 결정이 민주적이기 위해서는 다수의 지지만으로는 충분하지 않다. 다수가 힘을 갖게 되면 '약소한 당파나 마음에 들지 않는 개인은 무시하고 싶은 유혹'을 거스르기 쉽지 않다. 매디슨은 대표제를 바로 이런 유혹에 대처하기 위한 장치라고 본 것이다.

그렇다면 대표제는 어떻게 이런 문제에 대처하는 가. 첫째, '여론이 선출된 한 무리의 시민들의 손에 의해 다듬어짐과 함께 넓은 시야를 지니게 된다.' 게다가 이러한 해결법은 영토가 넓은 공화국에서 사용될 때 효과가 크다. 왜냐하면 큰 공화국에는 인재가 풍부하며 정치가가 다수의 시민과 직접 접촉하므로 부정을 행하기 쉽지 않기 때문이다.

둘째, 대표제는 순수민주주의보다 광대한 영역에서 실현가능하므로 '당파와 이익집단을 더욱 다양하게 하면 전체 중의 다수가 다른 시민의 권리를 침해하려는 공통의 동기를 지닐 가능성을 줄일 수 있다.' 즉 사회의 다원성을 극대화함으로써 특정한 이해관계가 우선되는 것을 방지한다(현대의 기득권 비판을 떠올리면 된다).

매디슨의 주장에서 중요한 점은 시민이 직접 참여한다 해도 직접민주주의가 내세우는 목적(민의의 반영)이 반드시 실현되리라는 보장이 없으며, 그 문제에 대처하기 위해서는 제도적인 궁리가 필요하다는 것이다.

정치가를 신뢰할 수 없다면 신뢰할 수 있는 국민 자신이 정치를 수행하면 된다는 생각은, 대표제가 직접민주주의의 차선책이며 진정한 주인공인 국민은 항상 신뢰할 수 있다는 소위 "직접민주주의의 신화"를 전제로 도출된 것에 지나지 않는다. 정말 직접민주주의가 바람직하다고 생각한다면, 대표제를 포기한 뒤 남는 것은 직접제뿐이다. 그러나 직접민주주의에도 결함이 있다고 본다면, 무작정 대표제를 포기하겠다는 말은 할 수 없다.

또한 매디슨의 주장에 대해 '현대 정치에서는 정보 미디어와 교육의 발달로 국민의 자질이 향상되었으므로, 대표제의 메리트는 상대적으로 감소했다'고 반론하는 것도 그다지 유효하지 않다. 매디슨의 논의는 대표자의 선의를 기대할 수 없는 경우에도 유효하도록 고안되었다. 이에 대해 직접민주주의의 옹호자가 단지 유권자의 자질 향상이라는 논의로 만족한다면 너무나도 소박하다.

대표제에 직접민주주의와 다른 어떤 특성과 기능이 있는지는 몇몇 사상가들의 주장을 검토하며 논의할 것이다. 우선은 대표제를 차선책이나 필요악으로서 이해하지 않는 사고방식이 있다는 정도만 인지하고 넘어가자. 이제 대표민주주의를 주장하는 두 번째 이유를 살펴보고자 한다.

민주주의가 정치의 전부인가

두 번째 이유로, 대표민주주의보다 직접민주주의의 사상과 제도, 운동을 높게 평가함으로써 정치의 중요한 측면을 놓치는 위험이 있다는 점을 들 수 있다.

앞서 기술했듯 현대는 민주주의의 전성기다. 민주주의야말로 올바른 정치이며, 민주주의에서 벗어난 정치는 틀렸다고 여겨진다. 예를 들어 현대의 대표제 비판에서 리더십 부재의 문제가 자주 거론된다. 최근 일본의 총리대신은 짧은 임기 이후에 교체되는 경우가 많아 정책 실행력이나 장기적인 비전을 책정할 능력을 기대할 수 없다. "결정 못하는 정치"에 대한 실망감은 높아져 가고 있다.

이에 따라 국민 스스로가 정치에 관여하여 갈팡질팡하는 대표제를 바른 방향으로 이끌어야 한다는 대안이 나오는 것도 이상하지 않다. 후에 검토하겠지만 직접민주주의적 제도로 구성된 수상공선제에 관한 논의는 이러한 의식의 발현이라 여겨진다.

그러나 직접민주주의를 채택하면 과연 리더십의 문제가 해결될까. 문제는 그렇게 단순하지 않다. 국민 전체가 통일된 견해를 가지고 있다면 모르겠으나, 그렇지 않다면 다양한 의견을 통합하는 과정이 필요하기 때문이다.

『정치를 위한 변론』[2]은 20세기 영국을 대표하는 정치이론가 버나드 크릭Bernard Crick의 저작으로, 이 책의 제3장 '민주주의에 대한 정치의 옹호'는 주목할 만하다. 민주주의를 정치의 올바른 형태로 여기는 입장에서 보자면, 양자를 대립시키는 크릭의 표현은 이해하기 어렵다. 그러나 크릭의 주장은 결코 민주주의가 불필요하다는 이야기가 아니다.

크릭은 정치가 '공통의 통치를 기반으로 어떤 영역적 단위 속에서 서로 다른 집단, 즉 각자 다른 이해와 전통이 동시에 존재한다는 사실(제1장)'에서 발생하는 것으로 본다. 정치란 확실히 서로 다른 이해를 통합하여 질서를 유지하는 것이지만, 통합을 위해 각 이해를 부정한다면, 애시당초 정치의 필요성은 사라진다. 따라서 크릭이 볼 때 다양성을 인정하지 않는 전제군주제나 전체주의체제는 정치와 가장 거리가 먼 것이다.

민주주의야말로 다양성을 실현하기 위한 정치사상이자 제도가 아닌가. 이렇게 생각하는 이가 있을 수도 있다. 그러나 흥미롭게도 크릭은 다양성을 존중하는 데 있어 민주주의가 반드시 완벽하지만은 않다고 주장한다.

특히 크릭은 이른바 인민주권론*을 매섭게 비판한다. 인민주권이 다수결형 민주주의와 결합하면, 그것이 민주주의에 의한 올바른 문제해결법이라 주장하기 때문에 전원일치를 강요하고 다양성과 자유를 억압하게 된다. 즉 '민주적인 인민주권론은 이미 알려진 모든 문명사회가 본래 다원적이면서 다양하며, 그것이 정치를 만들어내는 씨와 뿌리가 된다는 기본적인 인식을 위협한다'는 것이다.

따라서 정치가 실현되기 위해서는 단순히 민주주의만으로는 충분하지 않다. 민주주의에는 '정치적인 민주주의'가 있는 것처럼 '전체주의적인 민주주의'도 있기 때문이다.

다양성의 인식**은 크릭의 정치관에서 결정적 요소

---

* 정치적인 결정의 권한은 궁극적으로 인민에게 속한다는 사상. 정치공동체가 사람들의 계약에 의해 성립한다는 사회계약설과도 결부된다. 군주주권과 비교해 민주적인 사상이다. 크릭은 일반적으로는 민주적이라 여겨지는 주장이 아이러니하게도 비민주적인 작용을 보일 수 있음을 지적한다.

** 정치학에서는 종종 다원성이나 다원주의라는 용어도 사용한다. 한나 아렌트는 인간의 다양한 드러남이 정치라는 독특한 활동을 만들어낸다고 주장했다. 또한 20세기 정치과학의 맥락에서는 다원적인 집단의 경쟁이 민주주의의 근간을 이룬다고 주장되기도 했다. 자유론 분야에서는 아이자이어 벌린이 다원적인 입장에서 자유의 가치를 옹호했으며, 현대 리버럴리즘의 출발점이라 할 수

다. 다수결형 민주주의에서조차 소수의견을 존중해야 한다는 강조를 반복하는 이유는 사회에서 사람들이 지닌 견해의 다양성을 인정하기 때문이다. 그래서 "결정 못하는 정치"를 벗어나기 위해, 대표제보다 직접민주주의가 바람직하다고는 간단히 말할 수 없게 된다. 대표제를 직접제로 바꿨다고 해서 의견의 다양성이 소멸하거나 감소하지는 않을 것이기 때문이다.

오히려 선거나 정당 내의 논쟁을 통해 다양한 견해로부터 통일된 비전을 이끌어 내는 일련의 장치를 지닌 대표제가 제도적인 의미에서 더 깊은 민주주의의 형태라고도 할 수 있다. 이런 점에서 대표제는 직접민주주의의 개량된 버전이라 할 수 있을 것이다.

다양성을 통합하기 위해, 인민과 리더의 관계를 어떻게 볼 것인가, 지도층이 인민에 대해 어떤 권력을 지니며 어떤 경우에 그것이 억제되어야 하는가, 민의의 다수에 반하는 것이 오히려 인민 전체의 이익을 증진하는 경우가 있는가. 이처럼 순수한 민주주의 개념에서는 불

있는 존 롤즈의 논의에서는 사회가 지닌 '온건한 다원성의 진실'이 중시된다. 어감이나 구체적인 내용은 다르지만, 정치의 장을 하나의 가치나 집단이 점유해서는 안 된다는 주장은 정치학의 기본적인 지견 중 하나라 할 수 있다.

순한 문제제기지만 정치에서는 피할 수 없는 질문에 지속적인 주의를 기울인 것이 대표민주주의였던 것이다.

"위기"에 처한 대표제

종종 "대표제의 위기"라는 말이 들린다. 여기에는 대표제가 제대로 기능하던 때가 있었다는 뉘앙스가 포함돼 있다. 그러나 사실 대표제는 항상 위기 속에 있어 왔다.

사회계약론의 대표적 학자인 장 자크 루소Jean-Jacques Rousseau는 '일반의지는 대표되지 않는다'며 대표제를 비판하고 직접제를 옹호했다. 카를 마르크스Karl Marx는 『루이 보나파르트의 브뤼메르 18일』(최형익 옮김, 비르투, 2012)에서 대표자로서 대표되는 자가 의회 내외에서 분열하여 결과적으로 대표제가 붕괴하는 과정을 그려냈으며, 20세기 들어서는 카를 슈미트Carl Schmitt나 한나 아렌트Hannah Arendt 같은 사상가들도 바이마르공화국과 전체주의의 경험을 바탕으로 대표제가 위기에 처하는 양상을 그려냈다. '대표제는 그 탄생 이래 항상 위기에 노출되어 왔던 것'이다(우노 시게키, "대표제의 정치사상사: 세 개의 위기를 중심으로", 도쿄대학사회과학연구소『사

회과학연구』 52권 3호).[3]

그러나 이것이 꼭 대표제의 결함을 의미하지는 않는다. 군이 불순한 문제와 맞붙은 대표제는 위기가 오히려 창조의 인센티브인 것이다. 위기를 항상 의식하기 때문에 그것을 극복하기 위한 여러 개선(결과적으로는 개악이었을 수도 있지만)이 되풀이됐다. 대표제론에는 종류가 무척 다양한 정치 과제를 고찰하기 위한 논의가 풍부하게 축적되어 있다. 미완성의 이면에 풍부한 경험치가 있다고 할까.

나는 직접민주주의에 비해 대표민주주의가 우수하다는 주장을 펼치기 위해 이 책을 쓴 것이 아니다. 사실상 국제화와 기술고도화 속에서 지금까지의 대표민주주의로는 대응하기 곤란한 문제가 발생하고 있고, 앞으로 직접제적인 방법이나 제도의 중요성이 줄어들지는 않을 것이다.

이 책의 주장은, 그렇기 때문에 더더욱 대표민주주의에 관해 축적된 풍부한 논의를 활용하여 직접민주주의를 포함한 민주주의 전반에 건전한 거리감과 의문을 지녀야 한다는 것이다. 지금은 대표제가 진부하게 보일 수 있지만, 도입 당시에는 신기한 것이었음은 물론 이해하기조차 어려운 제도였을 것이다. 대표제를 처음 알게 된 사람들의 기분을 상상해 보고, 대표제란 대체 무엇인가, 거기에서 어떤 논의가 이어져 왔는가를, 새로운 시대를 앞두고 다시 한번 복습해 두었으면 한다.

후쿠자와 유키치福澤諭吉는 1862년 유럽의 각국 열방을 회상하면서 의회제에 대한 당혹감을 솔직하게 기술했다. '모르겠다'를 연발하는 그 글은 유키치의 곤혹스러움을 드러내고 있지만, 모르는 것에 조우했을 때의 고양된 마음이 나타난 것처럼 여겨지기도 한다. 바로 그 고양된 마음, 미지의 영역을 탐구할 때의 두근거리는 감각을 가슴 깊이 새겨두고, 본론으로 들어가 보자.

그리고 또 정치상의 선거법 같은 것을 전혀 모르겠다. 모르겠으니 선거법이란 무슨 법률이며 의원이란 무슨 기관인지 물었는데, 상대는 그저 웃고만 있다. 무엇을 물을지 빤하다는 듯. 이쪽은 모르기 때문에 어찌할 바가 없다. 또한 당파에는 보수당과 자유당이라는 도당이라는 것이 있어서, 양쪽이 호각으로 맹렬히 싸운다고 한다. 도통 알 수 없다. 큰일이다. 무엇을 하는지 모르겠다. 그 사람과 이 사람이 적이라고 하는데, 같은 테이블에서 술을 마시고 밥을 먹는다. 전혀 모르겠다. (『후쿠자와 유키치 자서전』, 허호 옮김, 이산, 2006』.[4]

제1장
수상공선과 여론

대표민주주의를 다루기 위해 수상공선제를 둘러싼 논의부터 이야기해 보자. 일본에서 나오는 대표제 비판 중에는 수상공선제가 국민의 직접적인 정치참여 방법 즉 직접민주적인 방법으로서 언급되는 경우가 많기 때문이다.

제도의 세부적인 측면에서는 대통령제형 수상공선제를 택할지, 의원내각제형 수상공선제를 택할지, 헌법 개정을 어느 정도 폭으로 생각할지 등 여러 곁가지가 있지만 여기서는 다루지 않는다. 수상공선제가 직접민주주의적이라고 할 때, 어떤 의미에서 그러한지, 그리고 그것이 어느 정도 타당한 생각인지에 초점을 맞춰 보자.

제1절 수상공선제와 직접민주주의

민주주의임에도 불구하고 총리대신을 국민 자신의 손으로 뽑을 수 없는 현대 일본 정치에 대해 '이상하다'는 비판의 의견이 많다. 일본국 헌법 제67조에는 '내각총리대신은 국회의원 중에서 국회의 의결로 지명한다'고 정해져 있어, 국민은 스스로 투표를 통해 수상을 선출할 수 없다. 총리대신으로 선출될 수 있는 인물은 국회의원으로 한정되어 있으며, 의결 또한 국회의원에 의한 것이므로, 국민은 두 가지 의미에서 총리 선출로부터 격리되어 있다 할 수 있다.

수상도 포함해 행정부의 구성원을 입법부로부터 선출하는 의원내각제는 미국 등이 채용하는 대통령제와 비교되는 경우가 많다. 대통령제에서는 국회의원이 대통령을 선출하지 않으므로, 의원내각제보다 직접민주제적이라고 논해진다.

이 점에 대해 미국 대통령 선거에서도 국민이 뽑는 것은 대통령을 선출하기 위한 선거인단이며, 말 그대로의 의미로 직접민주제적이지는 않다는 반론도 있다. 다만, 입법부 구성원과 행정부 구성원이 각각 독립된 절차로 선출되며, 행정부에 대해서도 국민이 별도의 선거 과정에 참여한다는 점에서는 그것을 직접민주제적인 제도라고 해도 문제는 없을 것이다.

어느 쪽이든 일본의 총리대신 선출 과정에서는 정당이나 파벌 간의 교섭과 거래에 의해, 국민의 시선이 닿지 않는 곳에서 국정의 최중요인물이 결정된다는 불만이 계속해서 표명되어 왔다. 근래의 사례로는 오부치 게이조小渕恵三가 병으로 쓰러진 후 "밀실"에서 이루어진 모리 요시로森喜朗 총리의 선출 결정에 대한 비판을 떠올릴 수 있다.

이에 비해 수상공선제를 채택하면 국민은 직접 리더를 선출할 수 있으며 정치가끼리의 거래와 담합은 일소된다. 따라서 정치의 투명성을 실현하는 직접민주제적인 제도로서 수상공선제가 유력한 개혁안으로 거론되어왔던 것이다.

공선제에는 또 다른 논점이 하나 있다. 수상의 리더십 문제다. 정당 혹은 파벌 간의 교섭으로 총리대신이 선출된 경우 거기에서 실행되는 정책은 각 방면으로부터의 요구를 절충하여 도입한 것이 되기 쉽다. 리더의 의향을 반영한 정책은 실현되지 않고, 일관성 없는 타협안이 정치를 움직여 정치를 한층 더 난해하게 만든다.

여기에 비해 국민투표를 통해 총리대신을 선출한

다면 수상은 정당이나 파벌로부터 독립적인 국민적 지지 기반을 가질 수 있게 된다. 따라서 강한 리더십에 기반해 "결정할 수 있는 정치"를 실현할 수 있을 것이다.

또한, 정당 및 파벌 간의 교섭으로 태어난 리더는 힘의 균형이 무너지면 바로 사임해야 하는 상황에 처한다. 호소카와 모리히로細川護熙 내각과 하타 쓰토무 내각은 공과에 대한 평가가 어떻든 정치개혁에 적극적이었으나, 그럼에도 내각의 단명을 피할 수 없었다. 최근에도 제1차 아베 신조安倍晋三 내각, 후쿠다 야스오福田康夫 내각, 아소 다로麻生太郎 내각, 하토야마 유키오鳩山由紀夫 내각, 노다 요시히코野田佳彦 내각 등 아무리 지속해도 그 기간이 1년 정도밖에 안 되는 내각이 속출했다.

이같은 상황에서는 중요한 정책 과제에 신속하게 대응할 수 없다. 따라서 국민이 직접 수상을 뽑아 리더에게 견고한 지지 기반을 제공하고, 장기적이며 신속한 정책의 입안과 실행을 가능하게 해야 한다는 주장도 있다.

이처럼 국민의 눈 앞에서 국민 스스로 투명성 높은 리더 선출을 수행하여, 그에 따라 안정적인 정권 운영을 실현한다. 수상공선제는 선출 방법의 측면에서는 국민의 직접 참여에 의해, 정책의 측면에서는 국민의 의향을 직접 반영함으로써 간접민주제의 폐해를 피할 수 있다고 여겨지는 것이다.

그러나 언뜻 자명해 보이는 이 수상공선제론에도 몇 가지 중요한 고찰이 필요한 지점이 있다. 주로 언급되는 것은 정말로 수상공선제가 문제의 해결책이 되는지, 민중의 표층적인 판단에 의해 오히려 정치의 혼란을 야기하는 것이 아닌지 등 이른바 포퓰리즘의 문제다. 이에 대해서도 뒤에서 따로 검토하고자 한다.

이 시점에서 수상공선제가 진정 직접민주제적인 제도인가 생각해 보아야 겠다. 확실히 국민 스스로 수상을 뽑았다고 실감할 수는 있을 것이다. 그러나 이것이 전통적으로 논의되어 온 직접민주제와 과연 같을까. 혹은 적어도 같은 의의를 지닐까. 수상공선제론의 역사적인 경위를 살피면서 검토해 보자.

여기에서 직접민주제의 가장 강력한 옹호자로 주로 언급되는 루소의 다음의 말을 기억해 두자(『사회계약론』 제3편 제15장). 그의 사상에서 수상공선제는 어떻게 보일까. 다음 인용문이 수상공선제에 관해 전하는 의미는 점차 밝혀나가겠다.

> 일반의지는 일반의지이거나, 일반의지가 아니거나 둘 중 하나다. 그 중간은 없다. 따라서 인민의 대의사代議士는 인민의 대표가 아니며, 인민의 대표가 될 수 없다. 대의사는 인민의 대리인에 지나

지 않는 것이다. 대의사는 최종적인 결정을 내릴 수 없다. 인민이 스스로 출석하여 승인하지 않는 법률은 모두 무효이며, 그것은 애시당초 법률이 아니다. 영국의 인민은 스스로 자유롭다고 생각하나, 그것은 큰 착각이다. 그들은 의원 선거 중에만 자유로운 것이며, 의원 선거가 끝나면 인민은 이미 노예가 되어 없는 것이나 마찬가지가 된다.

때로는 호민관이 인민을 대표하는 경우도 있었는데, 이는 '현재의' 정부가 주권자를 대표하는 방식을 떠올리면 이해할 수 있다. 법률은 일반의지를 선언한 것이므로, 입법권에 있어 인민이 대표되지 않음은 분명하다. 그러나 법률을 실행에 옮기기 위한 힘에 지나지 않는 집행권에 있어서는 인민은 대표될 수 있으며, 대표되어야만 한다.

제2절 수상공선제의 역사

나카소네가 제안한 공선제의 이미지

수상공선제가 유력한 개혁안으로 각광을 받게 된 것은 1960년대 당시 나카소네 야스히로中曾根康弘 중의원의원의 제안에서 시작했다. 먼저 출발점이라고 할 수 있는 나카소네안의 내용부터 살펴보고자 한다("수상공선제의 제안", 『지금, '수상공선'을 생각한다』, 고분토, 2001 수록).[5]

나카소네는 제2차 세계대전 이후 일본 정치에 어떤 병폐가 발생했는지, 그 원인이 되는 구조상의 문제는 무엇인지 짚으면서 논의를 시작한다. 그에 따르면, 당시는 주권재민主權在民은 커녕 '주권재파벌'이라고 할 법한 파벌정치가 만연해 있었으며, 국회가 열릴 때마다 난투와 폭행이 반복됐다. 해산과 내각개조도 빈번하여 정권은 불안정했으며, 장기적인 시점에서 정책을 단행하는 것도 불가능했다.

이같은 문제점은 국민의 성숙도와 정당 및 정치가의 역량 부족에 기인한 것이기도 하지만, 제도상의 원인으로 의원내각제가 지목되었다. 유권자는 여러 차례 당선된 경험이 있는 국회의원이 대신이 되기를 원하기 때문에, 그에 따라 각 의원도 대신의 자리를 두고 엽관 운동*에 힘을 쏟게 된다. 유력 정치가는 자신의 파벌을 확대하기 위해 이들 중의원을 구슬러서, 수상 취임을 위한 발판으로 삼는다. 이리하여 자리 쟁탈의 주요한 전장이 된 국회는 정책 심의의 장으로서의 기능을 잃고, 정권 쟁탈을 주요 목적으로 하는 권력투쟁의 장으로 변질되어 버린다.

나카소네는 이러한 폐해에 대해 영국 모델의 의원내각제가 일본 사회에 적합하지 않기 때문이라고 분석

---

* 엽관주의(獵官主義, spoils system) 또는 정실주의(情實主義, patronage system)는 인사권자와의 정치적인 관계나 개인적인 관계를 기준으로 공무원을 임용하는 인사행정제도이다. 일반적으로 엽관주의와 정실주의는 실적주의에 반하는 의미를 지닌 개념으로 혼용되고 있다. 그러나, 이들을 엄격하게 구분할 경우, 엽관주의는 정치적 신조나 정당 관계를 임용기준으로 하는 인사제도로 정의되는 데 비해, 정실주의는 인사권자와의 개인적인 신임이나 친소(親疎) 관계를 기준으로 하는 인사제도로 정의된다. 인사권자와의 개인적인 관계를 규정하는 귀속적 요인들로는 주로 혈연, 학연, 지연 등이 지적되고 있으며, 군(軍)과 같은 특수집단에의 멤버십(membership)도 거론되고 있다. —옮긴이

했다. 일본인의 민족성으로 볼 때 냉철함, 경험주의, 합리주의의 전통을 지니는 영국형 정치제도는 잘 맞지 않는다고 여겨진다. 또한, 원래 정부를 감시해야 할 국회의원이 행정부의 직무를 맡으면 정치가 쉽게 부패할 수밖에 없다.

이같은 여러 이유에서 나카소네는 의원내각제의 폐지와 국민투표를 통한 수상공선제의 도입을 주장했다. 또한 나카소네의 제안에는 중대 정책에 관해 국민투표를 진행하도록 헌법개정을 실시하자는 내용도 포함돼 있다. '수상공선제를 중심으로 한 **직접민주주의**의 채용'이라고 기술되어 있고, 수상공선제와 직접민주주의는 직결된다고 여겨졌다. 국회의원이 아닌 국민이 수상을 뽑는 것이 바로 직접민주주의로서의 의미를 지닌다는 것이 나카소네가 제안한 공선제의 이미지였다.

수상공선제에 대한 비판

나카소네의 제안이 등장하자마자 이에 대해 찬반이 나뉘었다. 여기에서는 대표제와 수상공선에 초점을 맞춰 논의를 정리해 보겠다.

수상공선제를 비판하는 측과 지지하는 측 모두 파

벌정치로는 민의를 반영할 수 없다는 문제의식을 공유하고 있었다. 본래 "대표자"로서 민의를 정치의 장에 전달해야 하는 정치가가 제대로 그 역할을 하지 못하고 그저 정치가로서의 상황에 따라서만 행동한다. 따라서 민의는 정치의 장으로부터 분리되고 유권자는 실질적인 의미에서 대표자를 잃었다. 이것이 당시 정치상황에 대해 양측이 공통으로 갖고 있는 이미지다.

유권자로부터 분리된 대표가 수상을 선출한다면 국정의 가장 중요한 사항인 수상 선출에 국민이 관여할 수 없다. 따라서 이미 대표자라고 부를 수 없는 의원이 아닌 국민이 직접 수상을 지명한다. 즉, 나카소네안의 말을 빌리자면 '직접민주주의'가 주장되는 것이다.

공선론을 직접민주주의와 연결짓는 것은 부패한 대표제에 대한 강한 혐오감을 고려할 때 극히 자연스러운 흐름이라고 할 수 있다. 실제로 수상공선제는 국민이 "직접" 수상을 선택하기도 한다. 그러나 대표제에 대한 비판을 뒤집어서 공선제를 주장하는 논법은 또 다른 문제를 불러일으켰다. 왜냐하면 공선제가 어떠한 의미에서 직접적인 민주제인가라는 논점이 표면에 나오기 어려워졌기 때문이다.

나카소네안에 반대하는 입장의 논의를 전개한 쓰지 키요아키辻淸明는 미 대통령선거가 기능하는 조건으로 미국 정치의 민주적인 환경을 들며 다음과 같이 말했다("수상공선론 비판—그 의의와 위험에 대하여",『지금 '수상공선'을 생각한다』수록).

지금의 '수상공선론'을 낳은 유력한 동기는 정당이 의회정치를 해하는 상황에서 비롯되었으나, 수상을 선거로 뽑는다 해도 이 상황의 재현을 막을 수 있다는 보장은 없다. 직접예비선거(프라이머리)를 한다 해도 그 주도권을 잡는 것은 결국 각 지방의 정당 지부이거나 그와 관계 있는 특정 정치단체가 될 것이다.

직접예비선거도 자발적인 단체가 전국 각지에서 무더기로 발생할 수 있는 분위기 속에서만 원래 의도한 효과를 발휘한다. 왜냐하면 이들 민간단체가 활발한 정치적 발언을 시도해야만 최초의 수상 후보자를 선택하는 주도권이 직업정치인에서 국민으로 돌아가기 때문이다. 선거를 포함한 기타 정치적 행사에 유권자가 소외되는 상황이 해소되지 않는 이상, 설령 직접 예비 선거를 실현했다고 해도 진정으로 국민 통합을 달성하는 수상이 출현하리라 보기는 어렵다.

즉, 가령 수상공선제를 도입해도 제 기능을 못하게 하는 정당이 개입할 수밖에 없는 상황에서는 원래 의도한 결실을 맺을 수 없다. 수상공선이라는 제도 자체가 직접민주제의 실현을 보장하지는 않는 것이다.

직접제를 옹호하는 입장에서는 이 주장이 시민의 활동 능력을 과소평가하는 엘리트주의적 견해로 보일 수도 있다. 그러나 공선제가 대표제를 무용하게 하는 만능적인 해결책이 아니라는 시점은 사실 공선제 반대론에만 적용되지 않는다. 우카이 노부스케鵜飼信成는 정치참여의 기회를 양적으로 증대시키면 유권자의 질적인 성숙을 기대할 수 있다고 주장하며 수상공선제에 긍정적인 태도를 취하고 있다("수상공선제의 옹호—그 위험과 의의에 대하여",『지금, '수상공선'을 생각한다』수록).

지금 일본의 최대 위기는 민주주의가 살아남을 수 있는가에 있다. 우리는 의회제도의 부패를 공격하는 형태로 민주주의에 대한 공격이 시작되는 것에 충분히 주의를 기울여야만 한다. 그러나 공선제 채택에 대한 회의라는 형태로도 그와 같은 정신적 기반이 형성될 수 있음을 잊어서는 안된다. 실제로 도쿄도 특별구의 구장 공선제 폐지 등을 예로 들 수 있다.

이렇게 보면 의원내각제인가 수상공선제인가라는 모습으로 상호 간 민주주의적 성격 상실의 가능성을 목소리 높여 외치는 것은 민주주의 전반에 대한 불신을 조장한다. 이는 올바른 태도라 할 수 없다. 둘 모두 미국과 영국에서 오랜 기간을 거쳐 서서히 쌓아 올린 것이다. 문제는 오히려 나중에 같은 제도를 채택하려는 나라라면, 둘 중 어느 쪽이 국민들에게 한층 더 민주주의적인 훈련의 장을 제공하는가에 있다.

우카이는 의회를 통한 대표민주주의와 이른바 직접민주주의적 제도인 수상공선제를 각각 주장하는 이들이 서로 상대의 제도가 지닌 결점을 공격함으로써 민주주의 그 자체에 대한 불신이 조성되지 않을까 우려했다. 수상공선제가 "직접민주주의"임과 동시에 더 나아가 직접민주주의야말로 민주주의 그 자체라고 생각하는 입장에서 보면 다소 이해하기 어려운 우려일 수도 있다.

그러나 우카이가 의원내각제 혹은 수상공선제를 '민주주의 일반'으로 구별한 의미, 그리고 수상공선제 역시 '민주주의적인 훈련의 장'이라 말한 이유는 글자에 나타난 것 이상으로 무겁다. 왜냐하면 공선론에 찬성하는 주장에서조차 쓰지를 비롯한 반대론자와 마찬가지로 공선제라는 제도의 도입만으로는 민의의 직접적인 반영이 실현될 수 없다고 인정하는 꼴이기 때문이다.

수상공선제에서는 실질적인 민주주의가 보증되지 않는다는 쓰지의 글과, 수상공선제와 민주주의 일반을 구별하는 우카이의 논의는 루소의 직접민주주의를 참조하면 이해하기 쉽다. 루소는 '진정으로 자유로운 나라에서 시민은 모든 것을 스스로의 손으로 수행하며, 금전적으로 대신하게 할 수 없다'고 말했다(『사회계약론』). 즉, 직접민주주의 실현의 열쇠는 시민이 "누군가를 선출하는 것"에 적극적으로 관여하는 것이 아니라, 문자 그대로 "모든 것"에 관여하는 것이기 때문이다.

이러한 개념에 따르면 수상공선제는 국민이 직접 관여한다 해도 직접민주주의가 아닐 뿐 아니라 민주주의의 순수한 형태라고도 할 수 없다. 단적으로 말해 수상을 직접 선출하는 것만으로는 부족하다. 쓰지가 수상공선제가 적절히 기능하기 위한 사회 환경에 주목하고, 우카이가 수상공선제와 의원내각제의 공죄를 상대적으로 평가하려 했던 것도, 엄밀히 말해 수상공선제가 루소가 말한 직접민주주의가 아니어서 나온 논점이기 때문이다.

공선수상과 대표

수상공선제는 직접민주주의가 아니라는 의미를 조금 더 깊이 살펴보자. 우리는 선거를 통해 선출된 의원에 의한 정치를 간접민주주의라고 부르며 직접제와 구별한다. 그 의원이 민의를 반영하지 않기 때문에 의원내각제 아래에서 선출되는 수상 또한 민의를 반영하지 않는다고 생각하게 되었다.

여기서, 수상 선출 시 민의를 직접 반영시키는 수단으로 공선제가 등장한다. 국민이 수상을 직접 선출한다면, 국민이 직접 정치에 관여한다고 볼 수 있다. 이것이 수상공선제를 직접민주주의에 결부시키는 논리다. 이 논리에 따르면 리더는 대표를 통해 간접적으로 선출되는 것이 아니라, 유권자에 의해 직접 선출된다.

그러나 이렇게 리더를 직접 선출한다고 해서 직접민주주의가 실현된다고 말할 수 있을까? 제1절 끝에서 소개한 루소의 말을 떠올려보자. 루소는 집행권 즉 행정부에 대해서는 대표를 인정하는 한편, 입법권 즉 의회에 대해서는 대표를 인정하지 않는다. 일반적으로 직접민주제라 일컬어지는 것은 입법권이다. 즉 법률의 제정에 사람들이 스스로 참여하는 것을 말한다.

루소에 따르면, 입법이란 모든 유권자에 관련되는

일반적인 활동이다. 따라서 입법권은 대표될 수 없다. 소수의 대표자가 모인 것만으로는 모든 사람을 대상으로 한 입법권의 일반성이 손상되는 것이기 때문이다.

이와 달리 집행권은 정해진 법률을 개별의 구체적인 사건에 적용하는 것이다. 이 경우 일반성이 으뜸인 입법권은 관여할 수도 없고 바람직하지도 않다. 입법권은 개별적인 사례가 아니라 정치 단위 전체에 관련된 일반적인 사항을 다뤄야 하기 때문이다. 따라서 행정이 다루는 각 사안 단계에서는 '인민은 대표될 수 있으며, 대표되어야만 한다'는 것이다.

일반적으로 대표민주주의는 의회민주주의와 동일시되는 경우가 많다. 그러나 국민의 대표는 특별히 의원에 한정되지 않는다. 행정부의 수장이 국민의 대표가 되는 것도 가능하다. 대표민주주의를 의회민주주의보다 넓은 개념으로 생각한다면, 수상공선제 또한 여러 대표민주주의의 형식 중 하나에 불과한 것이다.

근대로부터 현대에 이르는 대표제의 사상적 기반을 쌓아 올린 이는 루소와 함께 사회계약론의 시조 중 하나라 일컬어지는 토마스 홉스Thomas Hobbes다. 그의 대표제론 전반에 대해서는 제3장에서 다시 검토하고, 지금 다루는 주제와 관련해서는 홉스의 대표제론에서도 대표제가 반드시 의회민주주의와 동일한 것이 아니라는 주장 한 가지만 짚고 넘어가자.

홉스에 따르면 인간은 서로 싸우는 전쟁상태*에서 벗어나기 위해, 상호 신약信約을 통해 하나의 정치 단위를 성립시킨다. 한번 성립된 이 정치 단위 '리바이어던 leviathan'은 굉장히 강권적이기도 하지만, 강제가 아닌 동의에 의한 성립 과정을 취한 이상 그 민주적 함의를 부정할 수는 없다.

한편 홉스가 '코먼웰스commonwealth'라 부른 정치 단위는 신약을 맺은 사람들을 대표represent하는 대표자 representative가 된다. 이 경우 대표자는 의원이나 의회로 한정되지 않는다.

> 즉 대표는 한 명이거나 그 이상이어야만 하며, 만약 둘 이상이라면 모두의 합의체이거나 일부의 합의체다. 대표가 한 명일 경우 코먼웰스는 **군주정치**이고, 거기에 모인 의지를 지닌 모든 이의 합의체인 경우 **민주정치** 즉 민주적 코먼웰스이며,

---

* 사회계약론에서는 계약에 의해 사회와 국가가 성립하기 전의 단계를 자연상태라고 부른다. 학자에 따라 자연상태의 정의는 다르지만, 홉스는 사람들이 생존을 위해 서로 싸우는 '만인에 대한 만인의 투쟁'을 상정했다. 이것이 전쟁상태다.

일부의 합의체인 경우 그것은 **귀족정치**라 불린다.
(『리바이어던』19장)[6]

여기서 흥미로운 점은 민주적인 함의를 지닌 대표제론이 적어도 이론적으로는 군주제나 귀족제와도 연결될 수 있다는 것이다. 대표민주주의를 의회민주주의와 동일시하는 입장에서는 대표제의 개혁은 의회제의 개혁 혹은 의회제에서 다른 제도로의 이행과 같으며, 의회제로부터 다른 제도로 이행한다면 대표제는 폐지되는 셈이 된다. 곧 "포스트 대표제"다. 그러나 군주제나 귀족제 또한 대표제일 수 있다면, 의회제로부터의 이행은 대표제로부터의 이행과 같지 않다. 포스트 의회제인 대표제일 수도 있기 때문이다.

수상공선제는 군주제와 다르다. 임기 제한이나 탄핵 제도 등 여러 측면에서 제도적인 궁리를 해 볼 수도 있다. 그러나 홉스의 논의로부터 염두에 두어야 할 내용이 있다. 군주제와 다르더라도 수상공선제 또한 대표제라는 점이다. 이러한 관점에서 다시 한 번 생각해 보면, 수상공선제에 대한 또 하나의 논점이 새로운 색을 입는다.

포퓰리즘 비판

수상공선제는 종종 포퓰리즘의 온상이라는 비판을 듣는다. 정책 입안이나 실행력에 관한 판단이 아닌 인기투표로 수상이 정해져 중우정치*가 된다는 비판이다.

그러나 민주 정치가 시민이 스스로 정치적 행위의 결과에 책임을 지는 것임을 생각할 때, 인기투표라는 비판은 공선론에 그리 틀린 말은 아니다. 설령 중우정치에 빠진다고 해도 이를 자신의 책임으로 받아들이는 것이 민주주의라는 반론이 가능하기 때문이다.

오히려 포퓰리즘 비판의 맥락에서 보다 근본적인 사실은 공선수상이 실은 사람들의 지지를 얻지 못하고 있는 것이 아닌가, 지지의 실체가 없는데 마치 여러 민의와 일체화된 척하고 있는 것은 아닌가 하는 문제다.

공선수상은 국민의 투표로 선출되는 만큼 표면적으로는 국민과의 끈끈한 일체성을 과시할 수 있다. 그

---

* 중우정치(衆愚政治, ochlocracy, mobocracy) 또는 떼법이란 다수의 어리석은 민중이 이끄는 정치를 이르는 말로, 민주주의의 단점을 부각시킨 것이다. 플라톤은 다수의 난폭한 폭민들이 이끄는 정치라는 뜻의 '폭민정치'라고 하였고, 그의 제자 아리스토텔레스는 다수의 빈민들이 이끄는 '빈민정치'라고도 하였다. ─ https://ko.wikipedia.org/wiki/중우정치 (2020. 5. 4 검색)

러나 모든 국민이 공선수상을 지지하고 있다는 뜻은 아니다. 대표할 수 있는 민의의 범위에는 한계가 있다. 공선수상은 국민적 지지를 바탕으로 의회에서 독립하여 강한 리더십을 발휘할 수 있지만, 수상이라는 하나의 초점에 민의가 집중되기 때문에 반대로 받아들여지지 않는 의견이 다수 존재한다는 양면성이 있다.

이와 관련해 21세기 들어 현재의 수상공선제론이 두 가지 다른 이유로 논의되는 지점이 흥미롭다. 하나는 파벌정치와 정치 부패에 대한 비판, 다른 하나는 강력한 리더십에 의한 정할 수 있는 정치의 실현이다.

전자의 의회제 비판에서는 정치가의 직업 이익과 다른 시민의 의견을 반영시키는 것이 공선제론의 목적이라 여겨진다. 단, 시민들 사이에서도 다양한 대립과 논쟁이 있다. 그 복잡한 민의를 빠짐 없이 정치의 세계에 전달하는 것이 여기서의 문제의식이다.

강력한 리더십 실현의 측면에서 볼 때 수상공선제론은 오히려 민의의 복잡성을 뭉개 버리려는 것처럼 보인다. 즉 민의가 분열된 상태에서는 정치가 정체되므로 상대적 다수파에 과대한 권력을 부여해 교착을 돌파하려는 생각이다. 이때 수상공선제에는 민의의 반영과 민의의 사상이라는 상충하는 두 가지 역할이 기대된다. 다음 절에서 이 모순에 대해 검토해 보자.

제3절 현대의 수상공선제론

수상공선제를 생각하는 간담회

밀실에서 선출되었다며 비판받은 모리 내각이 1년 남짓 후 퇴진하고, 후계자인 고이즈미 준이치로小泉純一郎 수상은 '수상공선제를 생각하는 간담회'를 설치했다. 2002년 제출된 보고서에 현재 수상공선제론의 논점이 망라돼 있다.

모리의 퇴진으로 2001년 4월에 치러진 자민당 총재선거에서는 최대 파벌 세력을 기반으로 유리하다 알려진 하시모토 류타로橋本龍太郎 전 수상과 이에 맞선 고이즈미가 자민당의 각 도도부현都道府県 연합회가 주체인 일반당원 예비선거에서 압도적인 지지를 받아 승리했다. 뜬소문으로 일으킨 국민 여론의 지지를 바탕으로해서 "파벌표"인 국회의원표로 불리한 상황을 뒤집은 승리였다. 이 때문에 유권자가 자민당 당원으로 한정되었음에도 불구하고 국민들은 공선에 가까운 형태로 총리대신이 탄생하는 과정을 실감할 수 있었다.

이러한 경위에서, 고이즈미가 공선제를 검토하기 시작한 것은 극히 자연스러운 흐름이었다고 할 수 있겠다. 간담회에는 고이즈미 자신도 매회 출석하여 논의에 참여했다고 한다(『수상공선을 생각한다—그 가능성과 문제점』 참조)[7].

간담회 보고서는 국민이 직접 수상을 지명하는 선거, 의회내각제 테두리 안에서의 수상통치체제안, 현행 헌법의 테두리 안에서의 개혁안까지 세 가지 안이 기록되어 있다. 그러나 이 책의 관점에서 볼 때 흥미로운 부분은 제도 설계의 상세보다는 오히려 수상공선제 도입의 근거다.

간담회 보고서는 '내각총리대신과 국민과의 관계'를 둘러싸고 공선제가 대처해야 할 두 가지 과제가 있다고 주장한다.

첫째, '수상의 민주적 정통성' 문제다. 즉 수상이 파벌 간 역학관계에 따라 선출되기 때문에 국민은 수상의 선출 과정에서 소외 당했다고 느낀다. 나카소네안에서 나온 '주권재파벌' 비판이 현재의 수상공선제 논의에도 그대로 포함되어 있는 것이다.

둘째, '수상의 지도력과 내각의 정책통합기능' 문제다. 수상이나 각료의 빈번한 교체, 수상의 약한 지도력, 정책실행능력 부족 등이 이 문제에 포함된다. 이것 또한 정권의 불안정성과 부족한 정책실행능력이라는 점에서 역시 나카소네안에서 비판된 논점이다. 거의 40 년을 거쳐 두 수상공선제론이 같은 문제를 지적하고 있는 것으로 보아 그 사이 일본의 정치는 거의 변화하지 않았다고 생각할 수도 있겠다.

그러나 일본의 정치가 전혀 변하지 않은 것은 아니었다. 특히 1993년 호소카와 모리히로細川護熙 연립정권 성립에 의한 자민당 일당 우위제(55년 체제)의 붕괴는 1995년 자민당이 연립정권에 복귀했다는 의미에서 일시적인 변혁에 불과하지만 하나의 큰 변곡점이기도 했다.

지금도 옳고 그름에 대한 논의가 있지만 중의원 선거가 중선거구에서 소선거구 비례대표 병립제로 바뀐 것도 결코 작은 변혁은 아니다. 도입 당시 목적이었던 안정적인 양당제가 실현되었다고는 도저히 말하기 어렵고, 정권교체를 통해 실질적으로 정치의 내용이 개선되었는지에 대해서도 많은 의문이 있다. 그럼에도 2000년대에 들어 자민당과 민주당 사이에 정권교체가 일어났다는 사실은 부정할 수 없다.

그러나 문제는 이 두 수상공선제안 사이에 있는 개혁과 변화가 의회제에 대한 불신감을 불식시키는 데까지 이르지는 못했으며, 오히려 수상공선제에 대한 왜곡된 이해를 증폭시켰다는 점이다.

사사키 다케시佐々木毅에 따르면, 국민적 인기를 떨친 강한 리더십이 실현된 두 사례, 호소카와 모리히로 정권과 고이즈미 준이치로 정권은 전혀 다른 의미를 지니고 있다다. 호소카와 정권은 자민당 파벌정치에 대한 비판으로부터 태어난 정권이나, 기본적으로는 정권과 정책의 선택을 실질화하는 개혁을 목적으로 했다. 따라서 의회정치의 건전화에 주안점을 두었으며, 수상공선제론에 대한 이야기는 나오지 않았고, '의회정치에 대한 비관주의와는 전혀 관계가 없'었다.

고이즈미 정권도 그때까지의 정당정치에 대한 불만 때문에 탄생했다는 점에서는 다르지 않다. 단, 호소카와 정권 이후의 개혁에도 불구하고 수상의 리더십은 강화되었다고 여겨지지 않았고, 국민들은 탈정당화되었다. 정치 주도에 대한 구호는 활발했으나 실제로는 '국민의 정당정치와 의회정치에 대한 기대감은 저하되기만 할 뿐이었다.' 고이즈미 정권을 맞이하며 수상공선제에 대한 기대의 목소리가 높아진 것은 이처럼 개혁에 대한 좌절감이 이유였다고 생각된다(사사키 다케시, "수상공선제론과 현대 일본의 정치", 『수상공선을 생각한다』 수록)[8].

앞서 살펴보았듯 신구의 두 수상공선제안이 대처하려는 중심 문제는 파벌정치에 대한 불신감과 강한 리더십의 구축이라는 점에서 기본적으로 같다. 그러나 시대가 다른 이상 두 안의 정치적 배경에는 차이가 있다. 그렇다면 고이즈미 정권에서의 공선론에 현저한 영향을 미친 시대적 배경은 무엇일까. 그것은 수상공선제에 대한 압도적인 기대감이었다. 그리고 그 근원을 찾아 더 거슬러 올라가면, 의회민주주의에 대한 씻어내기 어려운 불신감과 절망감이 있었다.

위에서 보았듯이 나카소네안이 나온 당시에도 공선제와 직접민주제 사이에 거리가 있다는 문제점을 인식하기는 쉽지 않았다. 그러나 의회제에 대한 불신감이 극도로 강한 현재로서는 수상공선제 또한 마찬가지로 대표제라는 인식은 더 뒤로 물러나고, 공선수상 선출 과정의 직접적인 성격만 강조된다. 대표제에 대한 비판이 너무도 거센 나머지 공선제의 본질이 은폐되고 마는 뒤틀림이 발생한 것이다.

두 사람의 '공선형' 리더 ─ 고이즈미 준이치로와 하시모토 도루

의회민주주의에 대한 불신감이 수상공선제에 대한 기대로 이어진다면, 의회를 우회하는 강력한 리더가 공선제의 모델로 여겨지는 것은 자연스러운 일이다. 고이즈미 준이치로 수상과 하시모토 도루橋下徹 오사카부지사·오사카시장은 최근 10년간 가장 주목받은 공선형 리더의 대표적인 예다.

고이즈미 정권에서는 소선거구 비례대표병립제 도입의 효과로 중선거구제처럼 동일 정당에서 복수의 후보자가 출마하지 않았기 때문에, 정당에 의한 일원적인 공천권의 관리가 가능하게 되었다. 또한 하시모토 내각부의 경제재정고문회의를 축으로 해산권과 공천권, 인사권을 비장의 무기 삼아 "강한 수상"을 실현시켰다. 주위의 유력 정치가나 관료를 철저하게 기득권 세력에서 배제하고, 우정민영화를 중심으로 한 개혁 노선을 힘차게 추진하는 고이즈미의 자세를 국민들도 지지했다.

또한 고이즈미 정권하의 의회는 소위 실질적인 낙

하산 후보[*]의 집합체였다. "우정 선거"에서는 선거구 출신의 후보라 할지라도 고이즈미의 정책을 지지하지 않으면 불리한 싸움이 되는 것을 피할 수 없었다. 선거구와의 관계가 선거의 당락에 미치는 영향이 적었고, 수상의 정책에 대한 찬반이 당락에 영향을 미쳤다는 의미에서는 고이즈미 정권하에서 자민당 후보자 전원이 낙하산 후보였던 것이다.

그리고 수상을 중심으로 한 정당과 유권자의 응집력이 제도 개혁의 결과와 어우러져, 여당이 중의원 의석 3분의2를 획득했다. 여기에는 '주권재파벌'의 리더가 아닌 국민주권에 기반한 리더의 모습이 있다. 민주정치에서 리더는 평등한 국민들 중에서 탄생하지만 국민을 지도한다는 모순적인 입장에 처할 것을 요구 받는다. 그렇기 때문에 역설적으로 국민과의 일체감이 정권의 중요한 토대가 된다. 고이즈미는 이 일체감을 조성하는 데 성공한 것이다.

하시모토 도루도 마찬가지로 공선형 리더다. 하시모토의 경우 실제로 공선에 의해 선출되었는데, 단지 제

---

[*]   선거구 출신이 아닌 후보자를 당이 출마시킬 경우 낙하산 후보라고 표현한다. ─옮긴이

도상 공선제에 그친 것이 아니라 내실을 따져 봐도 그렇다. 자치단체의 수장이라도 유권자와의 일체감 없이 각 정당의 지지에 편승해 지위를 얻는 것이 가능하며, 그 예도 적지 않다. 그러나 하시모토는 의회의 지지보다 유권자의 직접적인 지지에 의거한 정치 운영을 강조한다.

실제로는 2008년 오사카부지사 선거에서 자민당과 공명당의 지지를 받았으므로 정당정치가 모두 부정되는 것은 아니다. 그러나 기본은 선거 승리로 획득한 "민의"에 기반한 강력한 리더십의 발휘와 그로부터 발생하는 "결정할 수 있는 민주주의"가 하시모토의 기본 이념이다. 하시모토가 이끄는 일본유신회와 오사카유신회의 공약에서 수상공선제를 입모아 외친 것도 그 때문이다.

하시모토는 민의에 대해 '붕 뜬 민의'라는 표현을 사용한다. 이는 민의의 성질을 기술한 말이라기 보다 그 민의를 어떻게 통합해 나갈 것인가에 대한 하시모토 나름의 해석을 더한 표현이라고 해도 좋다.

오사카부 홈페이지에 게재된 국가기립조례에 대한 메시지에는 하시모토가 지닌 민의의 이미지와 리더관이 깊이 반영되어 있다. "정답을 모르기 때문에 정치의 판단에 맡겨야 하지 않겠습니까? 왜냐하면 판단이 잘못되었을 때 선거라는 민의의 심판을 거쳐 책임을 질 수 있기 때문입니다. 사안의 균형이 무너지고 있을 때, 이것을 회복시키기 위해 민의를 헤아리고, 과감히 '중심'을 이동시키는 것이 정치의 역할이며, 부민의 부탁을 받은 우리 정치가의 책무라고 확신하고 있습니다"(요미우리신문 오사카본사 사회부,『하시모토 극장』, p. 167)[9].

하시모토는 민의의 '중심'을 판별하는 것이 리더의 역할이라 여긴다. 의회처럼 다양한 민의를 반영하는 것만으로는 '정답을 알 수 없는' 현대 정치에서 리더십을 발휘할 수 없다. 민의는 해석의 소재이지만, 소재의 가공은 정치가의 일이다. 만약 가공에 모자란 점이 있다면 선거에서 책임을 묻는다. 이것이 하시모토가 지닌 정치의 이미지다.

이러한 정치 프로세스를 가동시키기 위해서는 강력한 리더 그리고 리더와 목표를 공유하는 지지집단이 있어야만 한다. 고이즈미가 '자객' 후보를 옹립해 만들어 낸 지지집단과 같은 기반을, 하시모토 또한 '붕 뜬 민의'에 '중심'을 내주기 위해 중시하고 있는 것이다.

공선제 리더는 독재자인가?

고이즈미와 하시모토는 각각 강력한 리더십을 발

휘해 유권자로부터 지지를 얻어내는 데 성공했다. 그러나 그 수법에 대한 반발도 뿌리깊다. 실제로, 고이즈미 이후의 자민당 정권은 모두 단명했으며, 결국 민주당 정권으로의 정권교체를 허락하고 말았다. 또한 하시모토에 관해서도 의회나 유권자가 제시한 다양한 의견을 경직적이거나 독재적으로, 포퓰리스트적으로 대한다는 비판이 있었다. 단, 고이즈미나 하시모토가 채용한 정치 수법이 본질적으로 반민주적이냐는 물음에는 그렇다고 확답할 수 없다.

앞서 고이즈미 정권의 의회가 실질적으로는 낙하산 후보의 집합체가 되었다고 기술했다. 그러나 그렇다고 해서 고이즈미가 의회를 얕잡아봤다고 할 수는 없다.

선거구를 만드는 이유 중 하나는 지역 정치가는 무엇보다 유권자에게 밀접한 문제를 깊이 이해하는 사람이라고 여겨지기 때문이다. 따라서 의원은 첫 번째로 지역이나 이웃의 대표자라는 성격을 지니고 있다.

그러나 고려해야 할 점이 한 가지 더 있다. 의원은 전 국민의 대표이기도 하다는 것이다. 제3장에서 다시 정리할 테지만, 정치학에서는 '국민대표'라는 말로 표현되는 개념이다.

만약 의원이 유권자에 국한된 이해를 우선하여 사회 전체의 이익을 전혀 생각하지 않는다면, 의회는 더 이상 통일된 정치 단위를 대표하고 있다고 말할 수 없게 된다. 의원은 소위 두 가지 책임을 지니고 있다. 유권자의 일상적인 이익을 파악하면서 동시에 의회를 형성하는 정치 단위 전체의 이해를 시야에 두고 논의해야만 한다.그렇다면 낙하산 후보가 꼭 나쁜 것만은 아니다. 즉, 국민적인 지지를 획득한 고이즈미 수상의 정책에 찬성하는 형태로 전체의 이익을 실현하는 것이 각 의원이므로, 지역의 대표자라는 입장을 관철하지 못해도 문제 없다는 설명이 가능한 것이다.

이 문제는 대표제로서의 수상공선제라는 논점과 연동된다. 공선수상은 유권자가 직접 선출한 국민대표라고 여겨진다. 게다가 의회제에 대한 불신감이 현재 상당히 강하다. 유권자로서는 파벌이나 정치 부패에 물들지 않은 리더가 일관된 정책을 제시해 줌으로써 신뢰성이 높은 대표자를 매개로 한 정치참여를 실현하는 것이 가능하다.

리더와 일체화된 의회 또한 파벌 간 항쟁이나 합종연횡으로 유권자를 무시하는 정치를 벗어나 국가 전체의 이익을 생각하는 국민대표형 의회로 변모했다고 볼 수도 있다. 즉 공선수상이라는 대표 시스템을 통해서 파벌에 침식당한 의회민주주의가 정화되어 본래 대표민주주의가 지닌 기능을 되찾는 길을 열 수 있는 것이다.

하시모토의 경우에도 포퓰리스트라는 딱지를 붙이는 것만으로는 제대로 된 비판이라 할 수 없다. 애시당초 그는 왜 단순히 '민의를 존중한다'고 하지 않고 '붕 뜬 민의'라고 돌려서 말했을까. 민의가 붕 떴다는 표현은 마치 유권자가 정치를 이해하지 못한다고 비난하는 것처럼 들리기도 한다.

그러나 현재 일본의 의회민주주의가 처한 상황에 비춰봤을 때, 하시모토처럼 이해한다면 수상공선제의 필요성을 잘 설명할 수 있다. 의회는 파벌 간 대립에 침식 당하고 있지만, 한편 각 파벌에 지지 집단이 붙어 있는 것도 잘못된 일은 아니다. 결과적으로 민의는 내부에 대립을 떠안은 불명료한 것으로 떠오르게 된다. 사람들이 민의가 무엇인지 알 도리도 없이, 여러가지 민의가 마치 구름처럼 윤곽 없이 존재하는 것이 바로 하시모토가 말한 '붕 뜬 민의'다.

따라서 민의의 윤곽을 정하고 내용을 분명히 하는 것이 정치가의 일이다. 이 경우 공선수상은 자기 혼자의 목소리로 민의가 무엇인지 설명할 수 있으므로 민의의 윤곽을 정하기 좋다. 의회에 표현되는 민의가 불명확할수록, 공선수상의 민의 해석은 명확해 보이게 된다. 이로써 정치가로서의 강한 리더십이 느껴지게 된다.

고이즈미와 하시모토의 정치 수법은 종종 포퓰리

즘이나 독재라 비판 받는다. 그러나 본래 민의를 대표하는 방법은 한 가지가 아니다. 의회민주주의만이 대표민주주의인 것이 아니라 공선형 리더 또한 대표민주주의의 한 형태라고 한다면, 그 이후의 문제는 두 대표제 중에 어느 쪽이 더 적절한지에 대한 실질적인 판단에 있다. 이 경우 의회제에 대한 불신감이 강하다면 상대적으로 공선형 리더에 대한 기대가 높아진다. 바로 이와 같은 현 상황에 대한 대응이 수상공선제의 도입이다.

　게다가 공선형 리더는 현대 민주주의의 일반적인 상황에서 의회제보다 우위인 입장에 있다고 할 수 있다. 원래 의회제는 귀족과 평민 사이의 신분 간 대립이거나, 자본가와 노동자의 대립처럼 명확하게 구별되는 집단이 대립하는 경우에 그 기능을 발휘하기 쉽다. 55년 체제 아래에서 일본 또한 자민당과 사민당이 보수와 혁신이라는 명확한 대립축을 형성함으로써 의회제가 성립되었다.

　그러나 현대 정치에서는 명확하게 대립하는 소수 집단 사이에서 경쟁이 발생하기는 힘들다. 사람들의 가치관과 생활 양식은 다양해졌으며, 정치가 다루는 영역도 문화와 환경, 글로벌 경제까지 확대되었기 때문이다. 사람들은 어떤 집단에 소속되어 규격화된 요구를 하기보다는 개개인으로서 다양한 바람과 기호를 지니게 되었다.

이러한 상황에서는 각 집단의 대표자가 자신들의 주장을 가지고 싸우는 의회제 모델이 통하기 어렵다. 사람들 사이에서의 의견 대립이 복잡하게 뒤얽히기 때문에, 이를 큰 묶음으로 묶어 누군가에게 대표하게 하는 것이 어려워진 것이다.

그렇지만 공선형 리더 또한 이같은 모든 대립하는 요구를 동시에 만족할 수는 없다. 바꿔 말하자면, 모든 요구를 만족하는 것이 원리적으로 불가능한 이상, 요구를 충족하는 것이 민주주의의 목적이 될 수는 없다. 공선제 리더는 다양한 요구를 동시에 만족시킴으로써 사람들에게 영향을 미치는 것이 아니라, 그 요구를 소재로 삼아 정치체에 의미 있는 이야기를 만들어 내는 것이다.

요시다 도오루吉田徹는 이러한 '스토리텔링'형 정치에 대해 다음과 같이 말했다. '전후의 '이익분배' 정치가 더 이상 아무것도 분배할 만한 것을 가지지 못하게 되었음에도 불구하고 정치가 국민에게 지지 받으려 한다면, 그것은 국민을 포섭할 수 있는 스토리를 통할 수밖에 없다. 바꿔 말하면, 지금까지의 민주주의가 전제했던 것처럼 정치가를 통해 국민이 '대표'되는 것이 아니라, 이 시대에는 정치가를 통해 국민이 '표현'되는 것이다'(요시다 도오루, 『포퓰리즘을 생각한다―민주주의 재입문』,

NHK출판, 2011, p. 49)[10].

요시다가 강조한 '대표'와 '표현' 모두 영어의 represent에 해당한다고 할 수 있다. 대표민주주의는 영어로 representative democracy인데, 이야기를 창조하는 공선제 리더의 역할을 강조한다면, 수상공선제가 표현하려는 대표민주주의는 사실 표현형 민주주의라고 번역하는 편이 좋을지도 모른다.

대표는 민의를 건조하게 반영하는 무기적인 거울이 아니다. 공선형 리더가 대표로서 행동할 때는 의도를 지닌 능동적인 창조자로서 민의를 표현하는 역할을 수행하는 것이다.

대표제로서의 공선제에 남은 과제

표현형 민주주의 시대에는 의회보다 공선형 리더가 사람들의 이해에 더 잘 맞을 수 있다. 그러나 공선제는 대표제의 새로운 양태로서 크나큰 문제를 안고 있다.

고이즈미 정권은 많은 인기를 누렸지만, 고이즈미가 물러난 다음 격차가 확대되었다는 비판이 강해졌다. 이것은 사실이 어떻든지간에 고이즈미의 '스토리'에 의문을 품은 사람들이 많아졌다는 것을 의미한다.

그러나 자민당으로부터 정권을 탈취한 민주당 또한 장기 정권을 창출해낼 만큼의 새로운 이야기를 만들어내지는 못했다. 그 결과 제2차 아베 정권이 탄생하며 재차 정권교체가 이루어졌다. 고이즈미의 이야기가 부활한 것으로 보이기도 하고, 실제로 고이즈미의 인기는 지금까지도 높다. 모처럼 잘 만들어져 널리 퍼진 이야기를 민주당이 중단시켜 버렸으니, 거의 좌절된 이야기가 다시 부활할 것이라 기대한 사람도 있을 것이다.

그러나 문제의 본질은 각 이야기의 성패에 있지 않다. 근본적인 문제는 이야기정치 자체가 지닌 구조에 있다. 집권당이 자민당이든 민주당이든 이야기가 이야기일뿐인 이상 그에 들어맞지 않는 사람들과 현실이 있기 때문이다.

이야기는 어떤 식으로 전개되든 이야기일 뿐이다. 이야기라는 말로 이해하기 어렵다면 픽션이라 해도 좋다. 현대 정치는 사실에 기반한 다큐멘터리라기보다는 소설의 성격이 강하다.

고이즈미와 하시모토의 경우 모두 민의를 대표한다고는 한다. 그러나 앞서 보았듯이 현대의 정치에서는 여러 민의를 그대로 대표할 수 없다. 민의가 그대로 정치에 반영되는 "투명한 정치"는 실현 불가능하다.

정책 과제는 다양화되었고, 하나의 정치 체제 안

에서 해결되지 않는 세계적인 문제도 많으며, 사람들의 의견은 여러 갈래로 복잡하게 나뉜다. 그렇기 때문에 더더욱 이야기를 만들 필요가 있다. 그러나 그것이 이야기인 이상 표현되지 못한 민의가 남는다. 민의의 표현 방법이 정교하다고 해서 민의를 모두 대표한다고는 할 수 없다. 대표되지 않는 민의의 중요도를 낮춘 것에 지나지 않는다. 따라서 의회가 민의를 대표하지 않는 것과는 또 다른 의미에서 공선수상 또한 민의를 대표한다고는 할 수 없다.

이전 절에서 밝혔듯이 수상공선제에서는 민의의 반영과 리더십의 강화가 모두 기대된다. 그러나 현실적으로 리더십의 강화는 민의의 사상을 통해 실현된다고 해도 좋을 것이다.

실제로 고이즈미가 얼마나 높은 지지율을 획득해 승리했건, 거기에는 명확한 타깃이 있었다. "도시부, 청년, 중년층을 중심으로 한 '개헌을 바라는 유권자'를 끌어들인" 것이 고이즈미가 승리할 수 있었던 이유다. 다음 수상은 승리 조건을 무시했기 때문에 실패했다(스가하라 타쿠, 『여론당의 곡해—왜 자민당은 대패했는가』, 고분샤신서, 2009, p. 72)[11]. 즉, 의회의 각 정당이나 파벌과 마찬가지로 스토리텔러로서의 공선형 리더에게도 "고객"과 "독자층"이 있는 것이다. 공선형 리더가 대표하는 것은 그 고객의 의향이지, 민의를 전체적으로 대표하고 있는 것이 아니다.

공선형 리더는 의회와 다르게 민의를 대표하기 쉽다고들 한다. 그러나 아무런 유보 없이 그렇게 말하는 것은 오류다. 민의를 어떻게 표현하는가에 대해서는 민의의 '붕 뜬' 성질에 민감하게 반응할 수 있을만큼 만큼 공선형 리더는 정교하다. 그럼에도 불구하고 다양한 민의를 어떻게 대표할지에 대한 문제를 완전히 제거할 수는 없다. 의회제보다 공선제가 원리적으로 민의를 더 잘 대표할 수 있는 것처럼 보인다면, 그것은 의회제의 대표 기능에 대한 불신감이 그만큼 커져버렸다는 방증에 지나지 않는다.

문제는 민의를 만들어내는 것 자체에 있지 않다. 만들어낸 민의가 마치 민의의 모든 것인 양 리더가 행동하는 것, 그리고 유권자 측에서도 그것이 민의의 모든 것인 양 받아들이는 것이 문제다.

이것이 공선형 리더가 피할 수 없는 구조적인 문제다. 유권자가 이야기의 유효성을 인정하지 않는다면 공선형 리더는 등장할 수 없다. 그러나 만들어진 이야기를 완전히 믿어 버릴 경우, 민주적인 요소는 분명히 손실된다. 따라서 수상공선제가 적절히 기능하기 위해서는 이야기의 유효성을 인정하면서도 그것을 의심하는 단단한 코어 근육이 정치가와 유권자 모두에게 요구된다.

그렇다면 공선제에서 가장 위험한 것은 리더에게 정치를 전부 맡겨 버리는 것이다. 의회와 다르게 반대 세력의 존재가 제도화되지 않는 공선제 아래에서는 반대론이 유권자로부터밖에 나오지 않는다. 그런 의미에서 포퓰리즘에 들뜬 사람들이 열광적으로 리더를 지지하는 사태는 문제의 일면에 지나지 않는다. 대표되지 않는 민의를 지닌 사람들을 포함해 적극적으로 정치에 참여하지 않는 문제가 더 크다고 할 수 있다. 즉, 수상 공선제는 과도하게 직접민주주의적이기 때문에 문제인 것이 아니라, 충분히 직접민주주의적이지 않기 때문에 큰 문제를 안고 있는 것이다.

제2장
"딜리버레이션"의 의미

　제2장에서는 주제를 바꿔 숙의민주주의라 불리는 조류를 검토한다. 시민의 정치참여와 논의를 강조하는 숙의론은 추상공선제론과 마찬가지로 대표제에 대한 비판에서 출발했다. 그러나 민의의 다양성을 이야기에 흡수하는 공선제론과 달리, 숙의론은 다양한 민의에 발언의 기회를 부여하려 한다. 공선제와는 다른 각도에서 직접제 도입을 시도하려는 숙의의 특색과 문제점을 살펴보려 한다.

제1절 대립과 숙의

숙의의 등장

딜리버레이션Deliberation은 아마도 우리에게 아주 익숙하지는 않은 단어일텐데, 번역하면 최근 몇 년간 자주 쓰인 숙의熟議이다. 토의, 토론, 심의 등으로 번역되기도 하지만 특히 민주주의론 분야에서는 숙의로 사용될 때가 많다.

2010년 10월 임시국회에서 간 나오토菅直人 수상이 소신 표명 연설을 하며 결론부에 '숙의 국회'를 지향한다고 말한 것을 많이들 기억할 것이다. 해당 부분을 인용해 본다.

오늘 국회가 소집되었습니다. 국회의원들이 협력하여 일본이 현재 마주한 과제를 해결하고 다음 세대에게 미루지 않는 책임을 다할 수 있는가, 국민의 기대에 응답할 수 있는가, 이번 국회가 그 시금석이 됩니다. 우정개혁법안, 지구온난화 대책 기본 법안, 노동자 파견법 개정 법안 등의 심의 또한 부탁드리게 될 것입니다. 저는 이번 국회가 구체적인 정책을 만들어내는 '정책의 국회'가 되기를 바라고 있습니다. 이를 위해 논의를 더 깊이 할 수 있는 '숙의의 국회'가 되도록 노력하겠습니다. 결론을 내는 국회가 되기를 기대합니다. 이곳에 있는 우리를 가로막는 것은 어디에 앉아 있는가가 아닙니다. 야당 여러분들에게도 진지하게 설명을 다하고, 이 나라의 장래를 진정으로 생각하는 분들과 성실히 논의를 해 나갈 것입니다. 그리고 어떻게든 합의할 수 있는 지혜를 짜내겠습니다. 국민에게 선택된 국회의원이 전력을 다해 이 나라의 정치를 쌓아 올립시다. 진정한 국민주권의 정치를 향해 함께 노력합시다.

또한 마찬가지로 민주당 정권하에서 당시 스즈키칸鈴木貫 문부과학성 부대신을 중심으로 시도했던 '숙의 가케아이熟議カケアイ*'를 떠올리는 분도 있을 것이다. 문

---

* 번갈아가며 이야기하거나 연주하는 것.—옮긴이

부성 정책창조엔진 숙의 가케아이 홈페이지에는 교육 정책과 관련한 숙의가 다음과 같이 설명되어 있다.

'숙의'란, 협력을 목표로 한 대화를 말합니다. 구체적으로는 아래의 포인트를 만족하는 협력을 향한 일련의 프로세스를 가리킵니다.

1. 많은 당사자(보호자, 교원, 주민 등)가 모여,
2. 과제에 대해 학습, 숙고, 논의를 통해,
3. 서로의 입장이나 수행해야 할 역할을 깊이 이해함과 함께,
4. 해결책이 세련되고,
5. 정책이 결정되거나, 개개인이 납득해 자신의 역할을 다하게 된다.

교육을 둘러싼 다양한 상황의 변화에 입각해 과제에 맞서 극복하기 위한 지혜와 실행력을 길러내기 위해서는 교육 현장과 관련된 다양한 입장을 지닌 분들의 '숙의'에 기반한 교육정책 형성을 촉진할 필요가 있습니다.

간 나오토의 소신표명연설에 관해 말하자면, 민주당이 정권을 잡은 이후 공약이나 매니페스토 실현 때문에 여러가지로 고민했던 배경이 있다. 하토야마 전 수

상은 후텐마 기지를 현 바깥으로 이설*하겠다고 말해 놓고 오바마 전 미국 대통령과의 교섭과정에서는 미일 합의를 답습하는 발언을 하는 등 일관적이지 않은 태도를 보여 대립을 오히려 심화시켰다.

또한 2009년 중의원 선거의 매니페스토 중 하나였던 아동수당에 대해서는 소득 제한을 요구하는 목소리가 강해 농가의 호별 소득보상과 고속도로 무료화, 유류세의 잠정세율 폐지 등을 포함해 재원 문제가 당 내외에서 큰 대립점이 되었다. 부족한 재원으로 정책을 실현하려면 처음의 정권 공약을 재검토할 수밖에 없었는데, 이 여부를 둘러싼 대립을 완화하기 위해 숙의가 강조된 것이다.

숙의 가케아이에 대해서도 살펴보면, 교육정책의 영역에 국한된 문제라기보다는 의견 대립에 어떻게 접근할 것인지에 대한 이념이 반영되었다고 보는 편이 좋다. 예를 들어 사전심사제에 대한 민주당 내의 노선 대립은 숙의 가케아이의 시도와 연동된다.

정치 주도를 내건 민주당 정권은 처음에는 정책

---

* 후텐마 기지 이전 문제: 오키나와현 기노완시에 있는 주일 미국 해병대의 후텐마 비행장의 폐쇄와 이전을 둘러싸고 1995년부터 진행 중인 관련된 사건들을 말한다. —옮긴이

형성을 내각에 일원화하는 방침을 취해, 야당의 사전승인을 필요로 하지 않는다는 입장이었다. 그러나 내각의 직무를 부여받지 않은 의원에게 내각으로의 일원화는 법안에 관여하는 기회를 잃는다는 뜻이다. 다른 한편, 숙의 가케아이를 촉진한 스즈키 칸과 센고쿠 요시토, 코지 마쓰이 등은 국회에서의 야당 의원 질문과 심의를 통해 법안 수정을 가능하게 하는 '숙의민주주의'를 구상했다고 한다(사사키 다케시·시미즈 마사토 편저,『세미나 현대일본정치』,일본경제신문출판사, 2012, p. 134)[12].

숙의와 의회

제1장에서는 의회제에 대한 불신을 배경으로 수상공선제가 기대를 받은 양상을 검토했다. 숙의 또한 공선제와는 다른 방향이나 의회제 불신에 대응하는 시도라 할 수 있다.

기존 의회제에서는 각종의 이익과 의견을 대변하는 대표자들이 처음부터 끝까지 각자의 이해를 추구했으며, 이익을 어떻게 분배할지 조정할 뿐인 경우가 많았다. 반대로 이익을 분배할 자원이 고갈되거나, 가치관의 대립이 격화되거나, 전세계적인 조정이 필요한 상황이 발생하면, 정당 간의 대립이나 정당 내의 파벌 대립이 표면에 드러나면서 정치는 정체되었다.

수상공선제는 의회 선거와는 별개로 선출된 표현형 리더의 강력한 지도력에 의거해 교착상태를 타개하려는 시도였다고 할 수 있다. 이처럼 리더의 지도력을 중시하는 해결방법에 비해, 숙의는 사람들 사이에 발생한 특정한 대립 그 자체에 작용한다.

수상공선제가 민의를 표현한다고 해도, 모든 민의를 대표하지는 않는다. 민주적인 사회에서는 의견과 이해의 다양성 때문에 민의 속에 있는 대립을 리더십으로서만 해결하는 것은 무리다. 다른 한편 숙의에서는 대립하는 이해와 의견을 한 곳에 모을 수 있다. 그리하여 심도 있는 대화를 통해 대립을 해소하려는 것이다.

따라서 대표제의 관점에서 보자면 숙의는 수상공선제보다도 래디컬한, 즉 근원적인 비판이다. 수상공선제는 대표제론의 틀 안에서 설명할 수 있지만, 숙의를 이론적으로 파고들어 생각해 보면 전원이 참여하는 논의 즉 본래적 의미의 직접민주제를 지향하는 성격이 있기 때문이다.

'숙의의 국회'를 추구한다면 주어진 과제는 의회 안에서의 숙의에 한정된다. 그러나 애당초 국회 안에서 숙의를 할 수밖에 없게 된 것은 재원을 포함해서 이후의 정책 과제에 관한 대립이 격화되었기 때문인데, 그 대립은 의원 뿐만이 아니라 유권자 전체에 걸쳐 있다. 숙의 가케아이에서 보호자, 교원, 지역주민 등 많은 참여가 기대되는 것 또한 관계된 사람들이 가능한 한 많이 모여 논의하는 데 의의가 있다고 여겨지기 때문이다.

그런데 이 숙의는 논의나 토론과는 어떻게 다를까? 논의나 토론과 같은 의미인데 좀 더 진지하다고 보면 되는 걸까? 이 장의 제목에 일부러 딜리버레이션이라고 쓴 이유가 여기에 있다. 외래어의 의미(일본이 아닌 정치체제에서 이 단어가 사용될 때 사람들이 느끼는 뉘앙스)와 일본어에서의 의미 사이에 논의의 본질에 관련된 중대한 차이가 있다고 여겨지기 때문이다.

정치이론 연구자의 시선으로 볼 때 딜리버레이션이라는 말에는 단순한 대화 이상의 뉘앙스가 포함되어 있다. 일본어에서도 일부러 논의나 토론이라는 말을 쓰지 않고 숙의라고 할 때에는 거기에 간과해서는 안 될 의도가 담겨져 있기 때문일 것이다. 먼저 그 차이를 살펴보는 것으로 숙의와 대표제의 관계에 대한 고찰을 시작하고자 한다.[*]

---

[*] 이 단어의 사전적인 의미만을 살펴보면, '깊이 생각하여 충분히

제2절 하버마스의 '딜리버레이션'

민주주의 이론에서 숙의, 즉 딜리버레이션이라는 말이 보급되는 데 가장 큰 영향을 미친 사람은 아마도 현대 독일 철학자 위르겐 하버마스Jürgen Habermas일 것이다.

하버마스는 이민 문제 등에서 국내의 정치적 함의가 동요함과 동시에 테러리즘 등 세계 공통의 리스크에 의해 국민국가의 외곽도 상대화되어 가는 유럽의 정치를 염두에 두었다. 또한 주권국가의 연합체인 EU 안에서 어떻게 민주적인 논의가 실현되어 가는지도 그가 주목한 논점 중 하나다.

이 '문화적으로 동질적인 주민으로 이루어진 국민국가 모델에서 점점 멀어져, 문화적 생활양식, 민족집

의논함(표준국어대사전)'이라 되어 있으며, deliberation은 "1. The process of carefully considering something: 2. The quality of being slow and careful in what you say or do"(Oxford Advanced Learner's Dictionary. 6th ed., Oxford University Press, 2000) 이라고 나와 있다. 문제는 이러한 의미가 정치적으로 어떻게 해석되어 구체적인 뜻을 지니게 되었는가다.

단, 종파 및 세계상은 한층 더 다양화 되어가고 있는'(위르겐 하버마스,『타자의 수용』p. 141)[13] 세계에서는, 먼저 단일한 가치나 도덕의 기준을 상정해 정치가가 제도화해 나가는 것으로는 충분하지 않다. 하버마스는 EU와 관련해서 다음과 같이 기술했다.

> 하나의 정치공동체, 더구나 이처럼 대규모인데다가 다양한 구성원으로 이루어진 공동체에서 시민들 간의 연대는 단지 보편주의적인 정의의 도덕(국제연합의 경우에는 침략전쟁과 대규모 인권침해를 행하지 않을 의무)에 바탕한 '해서는 안될' 의무만으로는 만들어 낼 수 없다. 오히려 특정한 정치적 공동체의 구성원으로서 서로를 인정하는 시민은 '자신들의' 공동체가 무엇보다도 집단으로서 채택한, 적어도 암묵적으로 받아들여지는 생활 양식에 의해 외부와 구별된다는 의식으로 행동한다. 이러한 정치적 에토스는 이미 자연발생적이지 않다. 이것은 민주주의적 과정과 이인삼각으로 진행되는 정치적인 자기 이해의 결과로서, 투명성이 높은 방법으로 만들어지는 것이며, 참여하는 구성원 자신에 대해서도 그것이 만들어진 것임을 숨기지 않는다(『분열된 서구』p. 113).[14]

즉 침략전쟁이나 대규모 인권 침해에 대한 반대 등 전세계적으로 받아들여지는 소극적인 가치 기준만으로는 정치공동체의 연대는 유지할 수 없다. 내부의 다양성을 인정한다면, 또한 내부와 외부의 경계가 모호하여 유동성이 높다는 점을 받아들인다면, 유권자 자신이 참여하여 서로 논의하는 환경을 마련하지 않는 한, 사람들 사이의 유대는 성립할 수 없는 것이다.

여기에서 하버마스는 EU라는 대규모 정치 공동체에 대해서 이야기하고 있지만, 개개의 주권국가나 자치단체에도 들어맞는다. 세계화가 진행되는 중에는 예를 들어 거리에서 서로 다른 국적의 사람들이 공존하기도 하며, SNS를 이용해 멀리 떨어진 지역의 다른 가치관을 접하는 기회도 늘고 있다.

따라서 시민들도 자신이 소속한다고 생각하는 정치 공동체가 어떠한 성질을 지니는가에 대해 다른 생각을 지닌 사람들과 논의하고 의견을 모으도록 노력해야 한다.

이를 위해 하버마스가 사용한 개념이 '토론윤리 Diskursethik'다. 여기에서는 '실천적 토의에 참여한 모든 당사자의 동의를 획득할 수 있는 규범만이 타당성을 요구할 수 있다'는 원칙이 상정된다.

여기서 구체적으로 설명할 수는 없지만, 주장을

간략하게 정리하면 '여러가지 견해와 이해가 있는 사람들 사이에서는 특정한 문화나 습관에 바탕한 원칙을 정치 공동체의 기초로서 사용할 수 없다'고 할 수 있다.

'우리들의 도덕 원칙은 오늘날 성인 백인 남성 시민층의 잘 교육 받은 중앙유럽의 선입견만을 반영하고 있지 않다는 것을 증명할 수 있어야만 한다'고 하버마스는 말한다. 정치 공동체의 다원성과 유동성이 늘어나고 있기 때문에야말로 더더욱 이미 정해진 원칙에 의거한 정치를 고집하는 것이 아니라 그 원칙 자체에 대해 다양한 사람들이 토의하는 것이 중요시된다(『토론윤리』 pp. 7-8).[15]

그리고 이 토론윤리를 기초로 한 민주주의가 '토의민주주의', '숙의민주주의deliberative democracy'다.* 하버마스에 따르면 토의민주주의는 자유주의적 민주주의 혹은 공화주의적 민주주의와 구별된다.

자유주의적 민주주의에서는 시민은 권리를 지닌

---

* 학자에 따라 이런 유형의 민주주의를 deliberative democracy 또는 discursive democracy라는 용어로 명명하고, 번역어도 토의민주주의, 숙의민주주의, 심의민주주의 등 통일되지 않았다. 이 책에서는 지나치게 세세한 사항에는 구애 받지 않고 이 말들을 같은 뜻으로 사용하고 있다.

개인으로서 다른 시민 그리고 국가와 마주하며, 법으로 정해진 시장경제의 규칙에 따라 사적 이익을 추구한다. 시민이 선거를 통해 정치를 제어하는 방법으로 정치에 관여한다. 이것은 권리에 기초해 사적 이익의 추구를 보장하기 위함이다.

이에 반해 공화주의적 민주주의에서 시민은 사적 이익을 추구하는 주체가 아니다. 여기에서 권리의 가장 앞선 의미는 정치에 참여할 권리이며, 다른 시민과 커뮤니케이션하며 정치 공동체를 형성하기 위한 것이다. 따라서, 법도 개인의 권리를 지키기보다는 공동생활의 불가침성을 보장하기 위한 것으로 여겨진다.

하버마스는 두 가지 중에 공화주의 모델에 무게를 둔다. 시민 간 대립이 심화되고 있다는 현재의 상황 인식에 입각할 때, 사적 이익만 추구해서는 대립이 심화될 뿐이므로 공화주의 모델에 주목한 것은 당연하다고도 볼 수 있다.

그러나 하버마스는 자유주의 모델도 공화주의 모델도 결국에는 불충분하다고 결론 짓는다. 왜냐하면 우위에 선 공화주의 모델에서마저, '너무나도 이상주의적이며, 민주적 프로세스를 공통선을 지향하는 국가 시민의 덕에 의존시켜 버리기' 때문이다. '성인 백인 남성 시민층의 잘 교육 받은 중앙유럽의 선입견'이라고 돌려 말한 것을 떠올리면 쉽게 이해가 될지도 모른다. 즉, 다양성을 지닌 정치 공동체 안에서 사적 이해를 부정하기 위해 공적인 가치나 도덕만 가지고 나오면 다른 가치를 품은 사람들에게 특수한 선입견을 밀어붙이는 것과 다르지 않게 되어버린다고 여겨진다.

만약, 공화주의 모델이 논의의 종착점으로서 특정한 가치를 전제한다면, 자유주의 모델과의 대립에서 커뮤니케이션을 중요시하는 것처럼 보였다고 해도 내실은 정치 공동체가 지니는 특정한 가치에 동화되도록 강제하고 있을 뿐이게 된다.

정말로 커뮤니케이션을 중시한다면, 필요한 것은 윤리적인 덕이나 공통선에 대한 일체화가 아니라, 정치적인 토의 과정이다. '공화주의 모델의 오류는, **정치적 토의를 윤리상의 문제만으로 좁혀버린 점에 있다**'는 것이다('민주제의 세 가지 규범 모델'『타자의 수용』)

따라서 민주주의의 숙의·토의 모델은 특정한 시민층이 지닌 실체적인 가치를 안건으로 전제하지 않는다. 집단적 의지 형성은 윤리적인 가치관의 확인이 아니라 토의 절차의 제도화에 의해 수행되며, 그러한 의미에서 절차주의적인 성격이 강화되는 것으로 여겨진다.

절차주의라고 하면 관료주의적인 매뉴얼 작업이 떠오를 수도 있지만, 여기에서 말하는 절차주의는 그런 의미가 아니다. 실체적인 무언가에 의거할 수 없는 이상, 사람들 사이의 논의가 성립할 수 있도록 제도를 확립함으로써 모종의 가치가 태어나도록 궁리할 수밖에 없다는 것이다.

이것은 단순히 사람들 사이의 관계나 유대가 아니다. 단지 관계일 뿐이라면 특정한 도덕을 강제하는 것으로 충분하다. 숙의의 목표는 하버마스가 말하는 '더 높은 차원의 상호주관성intersubjectivity'이며, 사회 전체에서 이루어지는 논의가 정치제도인 의회를 뒷받침하는 단단한 연대다.

토의이론은 이해 과정에서 **더 높은 차원의 상호주관성**을 고려한다. 이 이해 과정은 한편으로 의회의 제도화된 심의형식 안에서, 다른 한편으로 정치적 공공권의 의사소통망 안에서 수행된다. 후자의 주체를 상실한 의사소통은 사회 전체에 중요한 주제나 규제가 필요한 문제에 대한 정책결정을 지향하는 국회의 내외에서 적든 많든 합리적인 의사형식 · 의지형식이 행해지는 장을 만들어낸다. 여기에서 비공식적인 의견형식은 제도화된 선택결정이나 입법부의 의결에 영향을 미치고, 이렇게 이루어진 소통적 권력은 행정을 집행할 수

있는 권력으로 변환된다('민주정의 세 가지 규범 모
델' 전갈).

이것이 하버마스가 말한 '토의의 투 트랙 모델'이
다. 사람들이 일정한 절차 안에서 토론하고, 그곳에서
의견을 모아 세우는 방법이 의회 같은 정치제도에 반영
되어 간다. 다원적인 사회란 사람들의 상호 토론을 통
해 분열에서 연대로 이행하는 것이다.

제3절 숙의의 제도화

하버마스의 토의민주주의론은 문화 간 충돌이나 EU의 정치 통치 등 유럽의 현재 상황에 입각한 것이다. 그러나, 사회의 연대를 어떻게 유지하거나 재생할 것인가라는 물음은 단지 유럽에 한정되지 않는다.

숙의라는 사고방식이 활발하게 논의된 또 하나의 계기는 북미권에서 일어났는데, 특히 미국에서 1980년대부터 1990년대에 걸쳐 숙의민주주의가 점차 주목받은 것을 들 수 있다. 그 배경에는 심각해지는 문화적 대립이 있었다.

1980년대 이후 소수민족의 역사를 배려한 교육의 중요성이 주장되거나, 동성혼 논쟁이 전개되는 등 미국 사회는 문화적인 쟁점을 둘러싼 이른바 '문화전쟁culture wars'이라고도 불린 커다란 분단을 경험한다(유이 다이자부로 · 엔도 야스오 편저,『다문화주의의 미국―흔들리는 내셔널 아이덴티티』, 동경대학출판회, 1999 참조).[16] 21세기 들어 동시다발적으로 발생한 테러도, 이같은 문화적 대립의 범주로 이해되는 것이다.

다른 한편 미국 의회의 하원에서는 1990년대 들

어 도입한 투명성 높은 심의 과정이 오히려 의미 있는 논의를 억제하는 얄궂은 상황이 나타났다. 법안의 조정 과정에서 타협을 곤란하게 만드는 수정안이 제출되기도 했다. 또한 각 정당에서도 당내 다수파를 만족시키기 위한 의사 운영이 우선되어, 결과적으로 정당 간의 대립이 증대했다. 이러한 상황을 타개하고 의회 내 토론을 활성화하기 위해, 숙의민주주의의 아이디어를 기초로 한 개혁안이 제창되었던 것이다(오쓰루 [기타가와] 치에코, "토의에서의 숙의",『정치의 발견⑤ 말하다』, 후코샤, 2010).[17]

이처럼 사회와 의회 양쪽에서 점점 심해지는 분단을 숙의를 통해 어떻게 해소할 것인가, 또한 양쪽의 숙의를 어떻게 연결시킬 것인가. 이 문제에 대해서는 제도화를 위한 여러 시도가 있었다.

예를 들어 브루스 애커먼Bruce Ackerman과 제임스 피시킨James S. Fishkin은 '숙의의 날deliberation day'이라는 구상을 제시했다. 대통령 선거 등 중요 선거에서 유권자가 사전에 모여 소규모 집회와 대규모 집회를 반복하면서, 상호 더 깊이 이해하려는 시도다. 논의를 촉진하는 퍼실리테이터 혹은 전문가의 도움은 있을지언정, 논의의 주역은 어디까지나 유권자다.

또한 피시킨이 주창한 토의형 여론조사는 일본

에서도 실시되었으며, 피시킨 역시 일본을 종종 방문했다. 게이오기주쿠대학慶應義塾大学에는 DP Deliberative Polling®: 토론형 여론조사 연구센터가 설치되어 있는데(http://keiodp.sfc.keio.ac.jp/), 2012년에는 동일본대지진의 에너지 문제를 둘러싼 조사 실시로, 신문에도 보도되는 등 서서히 실적을 쌓아가고 있다.

토론형 여론조사의 절차는 다음과 같다. 먼저, 미리 무작위로 추출한 대상자에게 보통 설문을 실시하고, 그로부터 토론 참가자를 모집하여 소규모 그룹의 토론과 전체 회의를 반복한다. 전문가와의 질의응답을 할 수 있는 장도 마련된다. 마지막으로 다시 한 번 참가자들을 대상으로 설문하여, 의견이 변했는가를 조사한다. 숙의의 날과 마찬가지로 논의를 통해 쟁점의 구조나 각종 의견을 더 깊게 이해하고, 분단에서 연대로 나아가는 길을 모색하려는 시도인 것이다.

이같은 숙의민주주의 제도화에는 토론형 여론조사 외에도 시민토의회, 참여형 예산, 시민배심, 계획세포 등 여러가지 유형이 있는데, 최근에는 '미니 퍼블릭스mini publics'라는 개념을 수용해 포괄적으로 논하는 경우도 많다(시노하라 하지메, 『시민의 정치학』, 이와나미신서, 2004 참조).[18]

미니 퍼블릭스란, 무작위 추출에 의해 선출된 사

람들을 시민 전체의 축소도로 보고, 그곳에서 이루어지는 논의가 시민 전체의 논의를 (적어도 의회에 비해서 상대적으로) 충실하게 반영하고 있다고 가정하여 정치공동체의 의사결정에 활용하려는 시도다.

기존의 대표제에서는 계급이나 이익단체 등 특수한 이해관계를 지닌 집단이 영향력을 지니는 경향이 강했다. 이러한 구조에서는 규모가 큰 집단이 정계와의 인적 관계나 재력을 통해 자기 이익을 관철하는 경우가 많다. 각 집단의 대표자들도 구성원의 이익을 최우선으로 생각하기 때문에, 집단 간의 조정은 곤란해진다. 일본에서 족의원族議員*을 매개로 한 정치 시스템의 기능부전은 대표제의 이같은 경직성이 나쁜 방향으로 표출된 것이었다.

이에 비해 미니 퍼블릭스는 무작위 추출을 기반으로 하기 때문에, 각종의 이해관계가 실제 사회에서의 분포에 비례해 반영되어 재산이나 인맥이 논의에 영향을 미칠 가능성을 줄여 준다. 또한 실제로 논의하는 사람들도 각 단체의 리더가 아니라 일반 시민이기 때문에 소속

---

* 특정 업계의 이익 보호를 위해 관료에 강한 영향력을 행사하는 국회의원을 말한다. 분야마다 토건족 등으로 불리는 데서 유래했다. ─옮긴이

집단의 구성원을 의식해 원래 갖고 있던 견해에 구속될 필요가 없다. 따라서 대표제의 경직성을 타파할 수 있는 가능성을 지닌 대안이라고 말할 수 있을 것이다.

제2절에서 하버마스의 투 트랙 모델을 소개했는데, 사실 하버마스의 추상적인 논의도 미국과 유럽에서 시도되는 다양한 제도의 실천에서 촉발된 것이다.

이론의 측면과 실천의 측면에서, 또한 미국과 유럽의 거리를 뛰어넘어 숙의민주주의론은 사회적 분단을 해결하려는 민주주의론의 최첨단에 자리하고 있기 때문이다.

제4절 숙의의 의미

사회의 분단에 대항하기 위해서는 숙의가 필요하다. 또한, 분단은 사회 전체에 확대되어 있기 때문에 의회만이 아니라 사회 전체가 대응해 나가야만 한다. 따라서, 숙의는 시민 전체를 끌어들이는 프로젝트가 될 수밖에 없다.

일본도 미국과 마찬가지로 '숙의의 국회'의 필요성이 증가하고 있다. 그러나 의원의 토론 능력이 부족하다는 이유 하나로 숙의의 필요가 커지는 것은 아니다. 문제는 의회가 아니라 사회 전체의 합의에 이르기 곤란한 균열이 발생하고 있다는 점이다. 따라서 의원에게 마땅히 고도의 토론 능력이 요구되지만, 그것만으로 사회 전체에 걸쳐 있는 대립을 해소할 수는 없다.

따라서 숙의민주주의는 다음과 같은 특성을 지녀야 한다.

첫째, 직접민주주의 지향이다. 시민 전체의 의견이나 가치가 서로 다른 이상, 리더 간의 논의를 성립시키기 위해서라도 시민 간 논의가 필요해진다. 미니 퍼블릭스라는 발상의 핵심 또한 다양한 의견의 분포를 충실히 반영함으로써 사실상 직접민주주의와 같은 효과를 얻는 것에 있다고 할 수 있다.

둘째, 시민이 논의 속에서 이해를 심화하고 시야를 넓힘으로써 원래 지녔던 의견을 변경할 수 있다. 전문적으로는 '선호의 변화'라고 불리는 논점이다.

종래의 대표민주주의는 종종 이해집적형 민주주의라 불린다. 서로 다른 이해관계를 지닌 유권자의 의견을 들은 후에, 그것을 쌓아 올리는 방식으로 정치를 이끌어 나간다는 이미지다. 이에 비해 숙의민주주의는 이해관계나 의견이 변할 가능성을 중시한다. 따라서 이미 정해져 있는 이익을 단순히 쌓아 올리면 된다고는 생각하지 않는다.

셋째, 의견의 변화가 숙의의 목적이 되는 이상, 시민이 숙의 과정에 적극적으로 참여하는 것이 바람직하다. 쟁점에 대한 깊은 이해를 이루기 위해 사회 전반의 참여가 필요하다는 점도 있지만, 참여하는 것 자체가 민주주의에 대한 신뢰와 정치가 유효하다는 감각을 높이는 효과를 지닌다고 기대되는 것이다.

시민 스스로가 정치의 유효성을 자신의 행동에 의해 실감할 수 없는 한, 사회의 분단은 극복할 수 없다. 숙의에서의 선호 변화는 자신의 마음 속에서 이루어지는 반성과 자아성찰의 과정으로 생겨난다기 보다는 사람들과의 만남과 활발한 교류라는 현실적 정치 체험 속에서 나타나는 것이라 여겨진다.

넷째, 발언을 할 때는 일정한 요건에 따를 것이 요구된다. 숙의란, 대립이 첨예해져 타협이나 거래가 어려운 문제에 대한 논의다. 이 경우, 왜 자신이 그 의견을 지니게 되었는가에 대한 이유를 이야기하는 것만으로는 충분하지 않다. 그것은 자신과 같은 의견이나 이해관계를 지닌 사람만 이해할 수 있기 때문이다.

숙의란 이유를 함께 나누는reason-giving 과정이다. 따라서 자신과 다른 견해를 지닌 사람도 수긍할 수 있도록 이유를 제시해야만 한다.

이러한 각각의 특징에 대한 세세한 논쟁도 있는데, 숙의민주주의를 논하는 사람들 사이에서 모든 점이 합의에 이른 것은 아니다. 예를 들어 의견 변화에 관해서는, 그것이 사회의 분단을 해소하기 위한 합의까지 도달할 필요가 있는지, 혹은 사람들이 함께 살아가기 위한 최소한의 상호 이해가 있다면 의견 차이는 남아있어도 되는지 등에 대한 논쟁이 있다.

또한 이유 부여 시 따라야 할 요건에 대해서도, 지나치게 이성적인 토론을 요구할 경우 감정을 중시하는 표현 방법을 억압해 버린다는 논의도 있다. 원래 대표민주주의에는 대표자에게 높은 수준의 지식과 도덕, 판단을 요구하는 합리주의적 측면이 있다. 경우에 따라 엘리트주의라고 불리기도 한다. 숙의가 의회제의 엘리트주의적 성격에 대한 비판에서 태어난 것이라면, 과도하게 논의의 합리성을 강조하는 것은 취지에 반할 것이다.

그러나 어찌되었든 숙의가 사회의 분단을 완화하고 해소하기 위해 고안된 수법이라는 점은 분명하다. 제1절에서 기술했듯, 이 책에서 일부러 "딜리버레이션"이라는 표기를 사용한 의미도 여기에 있다.

일본에서 '숙의의 국회'와 같은 용어가 사용될 때, 의회 심의의 공동화를 어떻게 해결할 것인가에 초점이 맞춰지는 경우가 많다. 일본의 국회에서는 관료의 의회 답변이 우위에 있어, 의원은 토론에 별로 관여하지 않는다는 비판이 계속 이어졌다. 근래의 개혁으로 의원 입법의 중요성이 강조되거나, 관료에 의한 정부 의원 답변이 폐지되거나, 더 나아가 정당 총수 토론이 시도되거나 하는 것도 의원의 토론 활성화를 목적으로 한 개혁의 시도인 것이다.

그러나 관료 대 의원이라는 대립 구도가 너무 강조되면 시민 간 대립의 심각성을 놓치게 된다. 사회보장 재원이나 에너지 문제, 온난화와 환태평양경제동반자협정Trans-Pacific Strategic Economic Partnership 등 전지구적으로 대응해야 할 문제도 단지 의원 간의 토론 활성화만으로 해결될 만큼 용이하지 않다. 시민들 사이에 이러한 논점을 둘러싼 뿌리 깊은 대립이 있기 때문에 숙의가 필요하게 된다는 것을 항상 염두에 두어야 한다.

국회가 언론의 부言論の府[*]임은 분명하나, 숙의가 단순히 토론이 아니라 사회의 심각한 분단이라는 무거운 짐을 진 특수한 논의라는 점에도 시선을 돌릴 필요가 있는 것이다.

---

[*] 권위와 물리적 힘을 배제하고, 논의를 통해서만 법률과 예산을 제정한다는 의미. ─옮긴이

제5절 일본에서 숙의가 논의되는 배경

　제4절 마지막 부분에서 일본의 상황을 다뤘다면, 이 절에서는 일본에서 논의되는 숙의론의 배경에 대해, 제1장의 논의와 관계된 내용도 살펴보며 새로이 검토해 보고자 한다.

　수상공선제의 도입을 주장하는 데에는 두 가지 이유가 있었다. 하나는 정치 부패에 대한 비판이며, 다른 하나는 강력한 리더십에 대한 대망론이다. 여기에 따라 말하자면, 일본에서 숙의민주주의 도입을 말하는 이유로는 두 가지가 있다. 하나는 '언론의 부'가 되지 못한 의회에 대한 비판이며, 다른 하나는 숙의에 의거한 사회의 연대와 유대의 재생이다.

　이 두 이유는 서로 관련이 있지만 직접적으로 연결된 것은 아니다. 의회가 언론의 부로서의 역할을 하지 못한다면, 직감적으로는 의회 자체의 개혁이 가장 먼저 취할 수 있는 해결 방법이 될 것이다.

　그러나 의회가 기능하지 않는 이유가 의회 밖에도 있을 경우, 토론의 활성화와 정치가의 자질 향상과 같은 의회 안의 개혁을 논하는 것만으로는 문제를 해결할 수 없다. 그렇기는 커녕 의회개혁론이 오히려 의회 밖의 문제를 은폐해 버릴 위험성이 다분하다. 의회 비판과 정치가 비판만 있다면, 일본 정치 비판으로는 핵심을 다루지 못하게 된다.

의회 개혁

일본의 의회 개혁 흐름을 되돌아보면, 발단이 된 55년 체제의 의회 운영방식까지 거슬러 올라간다. 55년 체제하에서 국회에 대한 비판에는 여러 포인트가 있었지만, 앞에서도 기술했듯이 야당의 내각제출법안 사전심사제와 그로 인해 발생한 국회 심의의 공동화가 가장 중요한 문제일 것이다.

사전심사제는 당초에는 그다지 엄격하지 않았으나, 다나카 가쿠에이田中角榮 내각 이후에는 제도가 완비되어 정교하고 치밀한 심사가 실시되었다. 일반적인 인상과는 다를 수 있으나, 일본 국회의 사전 절차상 내각에는 법안 심의에 개입할 수단이 없기 때문에 국회는 법안의 심의·수정에 대해 제도상 상대적으로 강한 권한을 가진다. 이 권한은 결과적으로 국회의 힘을 약화시키는 방향으로 작용한다. 왜냐하면, 내각 입장에서는 국회를 통과할 노력을 하지 않으면 법안이 성립되지 않으므로, 다수파인 여당 의원과 국회 밖에서 사전에 조정할 수밖에 없기 때문이다. '사전심사는 국회에 강한 자율성을 부여한 제도하에서, 내각의 입장에서 필요악으로 성립하는 것'이다(오오야마 레이코, 『일본의 국회—심사하는 입법부에』, 이와나미쇼텐, 2011, p. 85).[19]

　　이 문제를 더 넓게 보면 '관료내각제'라는 일본의 의원내각제 전체의 특징과도 결부되어 있다. 국회에서 대신* 대신 관료가 답변하는 정부의원제도는 관료 지배와 정치가의 실력 부족이라는 문맥에서 종종 비판을 받아 왔다. 관료내각제에서는 수상을 중심으로 한 내각의 구심적인 통합 기능이 확보되어 있지 않기에, 내각은 각 성청省庁** 대신의 연합체라고 여겨진다. 각 성청은 법안을 포함한 각종 안건을 제출하고, 담당 대신은 그 성청의 대표로서 다른 대신에게 내용을 설명한다. 즉, 대신은 관료의 의견을 대표하게 된다. 대신 간의 합의가 기본이 되는 것이 아니라, 관료에 의한 아래로부터의 입안이 주가 되는 의원내각제가 소위 관료내각제라고

　*　한국의 장관에 해당. —옮긴이
　**　한국의 부처에 해당. —옮긴이

불리는 것이다.

단, 각 성청은 국민의 의사를 무시하고 정책을 입안하지 않는다. 각 성청에는 그 분야에 이해관계를 지니는 이익집단이나 사회단체가 결부되어 있으며, 성청과 각 집단을 연결하는 족의원이 끼어 있음으로써 국민의 의향이 정치 과정에 반영된다. 족의원 등과 연결고리가 없는 집단에게는 폐쇄성이 짙으며 기득권자에게 유리한 시스템이지만, 성청과의 연계를 확보할 수 있다면 긴밀한 교류를 통해 세세한 조정이 가능하다는 이점도 있다. 이 '성청대표제'를 통해, 선거에 의한 대표제와는 다른 형태로 국민의 의견이 반영되고 있었던 것이다. 그리고 이 대표 시스템을 여당에 전하여 법안 성립을 실현하는 구조가 앞서 말한 사전심사제였다(이이오 준, 『일본의 통치구조―관료내각제로에서 의원내각제로』, 중공신서, 2007).[20]

수상공선제가 55년 체제하의 일본 정치에 대한 개혁안으로 여겨지는 이유는, 이같이 다양한 성청과 복수의 대신에 의한 연합체로서의 일본 정치에 결정력이 결여되어 있었기 때문이다. 각 성청과 이익집단의 희망을 실현할 수 있을 만큼의 재원이 존재했기에 비로소 이 시스템은 기능할 수 있었지만, 고도성장 이후의 부족한 재원을 서로 빼앗는 마이너스의 조정 과정에서는 "결정할 수 있는 정치"의 실현이 구조적으로 어려웠다.

국회가 언론의 부로 복권되는 것 또한 기득권 이익의 소모적인 충돌에 대한 개혁안이다. 이전처럼 국민에게 부를 분배할 수 없는 사회 환경 속에서는 논의를 거치지 않는 문제 해결이 거의 불가능하다.

예전부터 유권자는 정책의 효과를 통해서 민의의 반영을 실감할 수 있었다. 그러나, 실행되는 정책이 모든 사람에게 만족스러울 수 없는 상황에서는 국회에서의 논쟁만이 유권자에게 민의의 자영을 가장 강하게 실감시킬 수 있는 수단이 될 것이다.

그러나 그 논쟁이 활발하게 이루어지지 않기 때문에 시민은 국회가 민의를 반영하지 않는다고 해석한다. 논쟁의 부족과 민의 반영에 관한 유권자의 의심에 의해 의회민주주의에 대한 신뢰도가 크게 떨어진 것이다.

정치가도 단지 팔짱을 끼고 있었던 것은 아니다. 역사적으로 보면 1990년대 이후 관료내각제와 성청대표제의 개혁은 일관적으로 계속되어 왔다. 1999년에는 국회심의 활성화 제정과 부대신·정무관 제도의 창설, 정부위원제도의 폐지 등 일련의 개혁이 이루어졌다. 2009년의 정권교체를 기해서 민주당이 정책 결정 내각으로 일원화해 정치 주도를 확립한다는 기치를 내세웠던 것도 이러한 개혁의 흐름에 올라탄 일이었다.

그러나 이와 같은 '정치 주도'에 의한 개혁이 곧 정치가의 본령이며 언론의 부인 국회의 복권에 직결되는가? 반드시 그렇다고는 답할 수 없다. 심의의 공동화에 대한 대응은 수상공선제에 대한 기대 등과 아울러 생각하면 오히려 리더십의 강화를 통한 심의 회피의 방향으로 일탈했다고 보인다.

더 분명히 말하면, 회피되었다기보다 의회에 대한 불신감이 너무도 커서 의회가 불필요하다는 방향으로 논의가 진행된 것은 아닐까?

예를 들어 현 국회에 대한 비판에서는 의원 정원 축소가 주요한 논점이다. 정원 축소론에는 어려운 경제 환경 속에서 재정을 삭감한다는 측면은 있지만, 정원을 축소했을 때 국회 심의의 활성화는 어떻게 될지에 대한 문제 의식은 거의 보이지 않는다. 오히려 국회 심의는 이미 일본 정치에서 설 자리가 없는 것 같기도 하다.

그러나, 다음에 살펴보겠지만 숙의민주주의론에서 국회 기능부전의 원인은 정치가의 능력 부족이나 이해 구조만이 아니라 사회의 구조적 변화에서도 찾을 수 있으며, 그 변화는 정원 축소 같은 방법으로 대응할 수 없다. 정치가 주도하는 개혁론은 오히려 그 구조적인 문제를 보기 어렵게 만드는 측면이 있을지도 모른다.

통치능력의 위기와 재귀적 근대화

일본의 의회 비판에서는 특히 고도성장기 이후 각 사회 집단에 대한 이익 분배가 제대로 이루어지지 않게 된 것이 문제시된다. 경제성장을 기대할 수 없고, 분배할 자원이 적어지면 희소 자원을 둘러싼 의회 내의 본격적인 토론과 조정이 필요해진다. 그러나 국회에서는 실질적인 논의가 보이기는커녕 종종 기득권익인 업계 단체와 연결된 정치가의 모습이 보도된다. 의회는 기득권익을 지닌 정치가와 이익집단의 집합소이며 일반적인 시민의 민의를 반영하지 않는다는 비판도 자연스럽게 나오기 마련이다.

이같은 조류 속에서는 기득권익이나 정치 부패에 대한 비판이 두드러진다. 그러나 정치 자금 규제를 강화해 정치 부패를 일소해도 문제는 해결되지 않는다. 애당초 분배해야 할 재원이 적기 때문에 선의의 정치가가 모였다고 해도 사태의 개선은 쉽지 않다.

이 문제는 일본 특유의 문제라기보다는 1970년대부터 세계적으로 나타난 '민주주의의 과잉'과 '통치능력의 위기'에 호응하는 것이다. 배분 자원의 파이가 확대되지 않는 상황에서 각종 집단이 각각의 자원의 일정 부분을 이미 획득해 버린 경우에는 민주주의의 충분한 통치 능력이 발휘되지 못한다. 요구가 점점 늘어나면 정부는 과중한 부담을 안게 되고, 요구가 실현되지 않기 때문에 정치에 대한 불신은 점점 더 심해진다.

이 때문에 1980년대에 레이건 정권, 대처 정권 그리고 일본의 나카소네 정권 등 자유화와 민영화를 기치로 내 건 '작은 정부'론이 탄생했다. 게다가 글로벌화에 의한 국제경제의 자유화는 21세기가 되어 한층 더 확대되고 있으며, 일본 국내에서 고이즈미 내각의 우정 민영화와 민주당 정권에서의 사업 분류와 같은 시도를 보면 이러한 문제가 아직까지 해결되지 않았음을 알 수 있다.

즉 일본에서의 심의 불신은 부패한 정치가에 의한 금권정치나 부정만 문제가 아니라, 세계적으로 나타난 민주주의 체제의 구조적인 약체화 또한 하나의 요인인 것이다.

게다가 문제는 경제 운영에만 국한되지 않는다. 숙의민주주의론의 강력한 논거 중 하나는 '재귀적 근대화'다. 예를 들어 일본에서 숙의민주주의론의 대표적 연구인 다무라 테쓰키의『숙의의 이유』(케이소쇼보, 2008)[21]에서도 현대사회가 재귀적 근대화의 시대라는 점이 중요시된다.

재귀성이란 '사람들이 사회에 대해 항상 새로운

정보를 얻어, 그 정보를 통해 사람들의 행동이 항상 판단되고, 그 결과 사회 자체가 변화해 나가는 것'(야마자키 노조무, 『도래할 민주주의―폭력과 배제에 대항하여』, 유신도, 2012, p. 18)[22]이다.

　　추상적이어서 이해하기 어려울 수도 있겠지만, 반성을 뜻하는 형용사reflexive는 문법 용어로 사용될 경우 주어 그 자체를 지시하는 재귀형으로 쓰인다. 즉 주제가 되는 것 그 자체에 한번 더 주의를 기울여 생각을 바꾼다는 뉘앙스를 포함한다. 이와 마찬가지로 극히 당연하게 받아들여져 온 근대적인 가치와 습관에 대해, 다시 한번 새롭게, 진짜 그래도 괜찮은지 생각해 보아야 하는 단계에 도달했다는 것이 재귀적 근대화론의 주장이라 할 수 있다.

　　따라서 기성 권위에 의거한 의사결정은 불가능하다. 시민은 개인적인 가치관에서 정치적 논점에 이르기까지 선례와 관습에 의거하지 않고 불확실하고 위험이 큰 상황에서 스스로 정보를 수집하고 의사 결정을 수행해야 하게 된 것이다.

　　이러한 사회의 변화는 근대 이후에 계속해서 진행되어 왔다. 그러나 현대에는 글로벌화의 가속으로 한 국가 안에서의 가치 기준이 심하게 흔들림과 동시에 전문기술의 진보로 리스크 분석이 어려워졌다. 이런 상황을 둘러싼 사람들의 가치관이 분산된 현재로서는 근대화가 사회의 분단뿐 아니라 사회로부터의 이탈까지도 촉진하는 방향으로 작용한다.

일본의 경우에도 국외에서 활동하는 인재가 증가하고 외국인 노동자의 유입으로 기업과 지역 공동체의 성격이 변하는 등 지금까지 당연하게 받아들여졌던 관습이 앞으로 얼마나 통용될지 다시 생각해야만 하는 상황이다. 식품 안전성 문제나 원자력발전소를 비롯한 에너지 문제에 대한 판단 또한 쉽게 결론내릴 수 없다.

따라서 이런 쟁점을 둘러싼 여론의 대립은 단시일 내에 해결할 수 있는 문제가 아니다. 이 시대의 본질에 속하는 구조적이며 끊이지 않는 문제로 이해해야 한다.

정치 주도의 리더십 강화론은 문제를 정치가의 능력으로 좁게 한정해 버릴 뿐, 이러한 재귀적 근대화 문제에 제대로 대응할 수 없다. 숙의의 국회론은 원래 정치가론에 그치지 않고 이 유동화된 사회 전체에 대한 대응을 포함해 넣은 해결 방법을 모색해야 하는 것이다. 재귀적 근대화가 사회 전체에서 부담에 대한 상호 이해에 관여하는 이상, 납득의 정도 즉 사회 통합의 강도가 떨어지는 것은 피할 수 없기 때문이다.

숙의민주주의론의 주장은 분단과 탈사회화 때문에 민주주의의 실현을 포기하자는 것이 아니라, 분단과 탈사회화가 일어나더라도 사람들 사이에 무언가 사회적인 결합을 유지하려고 한다면 그들의 관여를 요구하는 민주적인 정치 양태가 반드시 필요하다는 것이다.

　지금까지의 대표제는 고정적인 이해관계와 가치를 정치 프로세스에 짜 넣는 데는 효과적이었다. 그러나 재귀적 근대화가 진행되면 기성의 가치나 관행이 끊임없이 검토의 대상이 되기 때문에 유동성과 다원화가 심화된다. 이때 사람들에게 더 적극적인 논의 참여를 촉구하고 타자의 의견에 대한 이해를 깊게 하여 사회적인 유대를 되살리는 매개가 되는 것이 숙의다.

　강력한 리더의 통치는 권위도 재귀적 근대화 속에서 항상 재검토된다는 점을 생각하면 유효한 수단이 아니다. 다양성이 증가하면 토론은 어려워지지만, 그렇기 때문에 비로소 토론을 숙의로 진화시키지 않으면 사회가 유지되지 않는다. 이것이 숙의민주주의론의 핵심이다.

제6절 숙의와 대표제

작금의 일본 정치는 의회 자체의 개혁이라는 방향성과 사회분단에 대한 대응이라는 방향성 사이의 딱 중간에 있다고 보아야 할 것이다. 일본이 직면하고 있는 문제도 세계화와 사회분단이라는 점에서는 미국이나 유럽의 문제와 다르지 않다. 따라서 사회 전체에서 숙의를 실시해 나갈 필요가 있다. 그럼에도 불구하고 유권자가 지닌 불만은 대부분 제대로 기능하지 않는 국회를 향해 있다. 국민 일반의 솔직한 의견은 '먼저 정치가의 의식을 개혁하고 의회를 정리하는 것'으로 보인다. 의회에 대한 불신이 너무 크기 때문에, 의회야말로 문제의 근원이며, 의회 역할의 축소가 문제 해결의 실마리라고 여겨지는 것이다.

그러나 기능하지 않는 의회를 우회하는 것만으로는 의회의 배경에 있는 문제가 해결되지 않는다. 정치가에게 문제가 있다고 해도, 유권자가 수행해야 할 의무가 없어지지는 않는다. 정치가에게 숙의를 요구하면서 그와 동시에 유권자 또한 숙의에 참여하지 않는다면 구조적인 문제는 해결되지 않는다. 전문용어로 사용되는 딜리버레이션이라는 말의 의미에는 그만큼의 무게가 실려 있는 것이다.

　만약 의회에서의 토론이 관료에게 내맡겨진 것만을 문제로 삼는다면, '숙의의 국회'라는 생각은 의회의 활성화로 언론의 부라는 역할의 부활로 그 의미가 축소된다. 그뿐만 아니라 뜻대로 활성화가 되지 않을 경우에는 개혁론이 의회의 축소론으로 이어지게 된다. 근본적인 문제는 사회의 변화에 있는 것이 아니라 정치가의 질에 있다고 생각해버릴 수 있기 때문이다. 그러나 정치가의 질만 문제라면 일부러 숙의라는 말을 꺼낼 필요가 없다. '토론형 국회'나 '국회 내 토론 활성화'처럼 더 간단한 말로 표현하면 된다.

　딜리버레이션으로서 좁은 의미의 숙의는 단지 '열심히 논의하자'는 주장이나 논의의 내용을 충실화하자는 주장과는 다르다. 그것은 시민들의 의견이 타협이나 조정이 불가능할 정도로 분극화되어 버린 상황에서, 그럼에도 사회의 통합을 가져오기 위해서는 무엇이 필요한가라는 첨예한 문제의식에서 나온 말이다. 단순한 논의와는 다른 의미가 담겨 있는 것이다.

　여기서 주의해야 할 것이 있다. 숙의와 대표제의 관계다. 숙의민주주의는 "대표제의 위기"에 대응하는 것으로, 포스트 대표제의 민주주의론이라거나 대표제를 보완하는 것으로 종종 기술된다. 이런 논의는 정치에 대한 강한 불신감과 결합되면 의회가 필요 없다는 대표제 폐지론에 가까운 것으로 받아들여질 수밖에 없다.

그러나 숙의민주주의는 대표제와 정치가에 대한 윤리적 불신감을 주요한 동기로 제시하지 않으며, 대표제의 폐지가 주안점인 것도 아니다. 대표제가 기능부전에 빠진 이유 중 많은 부분은 경제와 사회의 구조적인 변화에 의한 것으로, 정치가의 부도덕이나 이기심만이 원인은 아님을 전제로 하고 있다.

따라서 신뢰할 수 없는 정치가를 잘라 버리는 것이 아니라, 역으로 시민들이 정치를 뒷받침하고 이끄는 것이 중요하다. 하버마스의 투 트랙 모델이 대표제 폐기론이 아닌 직접제가 포함된 재생론이 된 것은 시사하는 바가 크다.

그러나 시민 숙의를 제도화하는 데에는 상당히 성가신 문제가 남아 있다. 왜냐하면 현재 제시되고 있는 많은 제도화 계획이 시민참여에 의한 대표제를 호소하고 있음에도 불구하고 기존 대표제론의 범주를 뛰어 넘지 못하고 있기 때문이다. 숙의가 직접민주제적인 지향을 지니고 있음은 이미 기술했다. 그러나 미니 퍼블릭스의 예에서 알 수 있듯, 시민 수준에서 적용되는 숙의의 제도가 모두 직접민주제인 것은 아니다.

미니 퍼블릭스는 무작위 추출이라는 방법을 사용함으로써 사회에 존재하는 다양한 의견의 분포 상황을 가능한 한 충실히 토론 그룹에 반영시키려는 시도다. 그러나 예를 들어 무작위 추출을 수행한다고 해도, 해당 쟁점의 관계자 모두가 참여하는 토론이 아니라는 사실은 변하지 않는다. 미니 퍼블릭스는 의회민주주의와 비교해 민의를 더 잘 반영하는 대표제의 일종이라는 주장은 가능하겠지만, 그렇다고 해서 이를 직접민주제 그 자체라고 이해할 수는 없다.

이러한 대표의 존재 방식을 '시민대표'로서, 직업적인 정치가인 의원을 대신하는 새로운 모델로 생각할 수는 있겠으나(다무라 테쓰키, "모색하는 정치, 정치의 모색", 『모색하는 정치―대표민주주의와 복지 국가의 행방』, 나카니시야출판, 2011),[23] 그것은 미니 퍼블릭스가 다른 종류의 대표제도라는 사실과 모순되지 않는다. 그리고 미니 퍼블릭스라는 대표제가 만약 직접민주제가 아니라고 한다면, 의회민주주의라는 대표제보다 필연적으로 뛰어나다는 주장은 할 수 없는 것이다.

그 한 예로 제도의 정통성 측면부터 생각해보자. 대표제가 기능하기 위해서는 특정한 절차를 통해 정통성을 지닌 정치제도로 시민들의 승인을 받을 필요가 있다. 의회민주주의에 정통성을 부여하는 것은 선거라는 수단이었지만, 미니 퍼블릭스에서의 정통성은 무작위 추출이라는 수단에 의해 부여된다.

선거가 부여하는 정통성에 불신의 눈길이 향하는 이상, 상대적으로 미니 퍼블릭스의 정통성은 높아질 것이다. 그러나 어느쪽이 근본적으로 정통한지는 쉽게 정할 수 없다.

예를 들어 정치적 공동체를 만들어 나가려는 시민의 자발적인 의지에서 대표 선출의 정통성을 찾는다면, 한 표 한 표에 의지를 담을 수 있는 선거에는 버리기 어려운 매력이 있다고 볼 수 있지 않을까. 우연성에 의거한 무작위 추출에 비해서 말이다.

여기에 대표제와 직접제를 둘러싼 숙의민주주의의 복잡성이 잘 표현되어 있다. 만약 의회제라는 형태의 대표제가 종래의 이해관계와 기득권익에 매여 현대사회의 이해와 의견 대립에 대응 가능한 유연성을 잃어버렸다고 한다면, 의회제와는 다른 대표의 형식을 먼저 이끌어내면 된다. 무작위 추출에 의한 대표 선출은 그런 방법 중 하나다.

그러나 무작위 추출에 의한 대표 또한 대표인 이상, 의회제와 결정적으로 차별화하기 어렵다. '숙의의 날'처럼 모든 시민이 참여하는 형태의 제도를 취한다면, 숙의민주주의는 직접민주제에 접근하니까 쉽게 차별화할 수 있다고 생각할 수도 있지만, '숙의의 날'이 대통령 혹은 공선수상 등의 선출에만 관여하는 것이라면 이 또한 대표민주주의의 틀 안에서 제도화된 것에 지나지 않는다. 이렇게 되면 도대체 숙의를 포스트 대표제로서 논하는 의미가 어디에 있는지 알 수 없게 된다.

만약 이론적으로 일관된 형태로 포스트 대표제로서의 숙의를 옹호하고 싶다면, 완전히 직접민주제적인 숙의민주주의를 생각해야만 할 것이다. 실제로 시민집회가 입법권을 장악해서 항상적으로 민주제를 움직여 나가는 형식은 숙의의 관점에서 봤을 때 차라리 바람직한 정치의 양태라 할 수 있다. 투 트랙 모델의 논의에서도 의회의 기능을 활성화하기 위한 순서로서 사회 내의 비공식적인 논의를 우선할 뿐 아니라 처음부터 끝까지 모든 것을 시민집회에 맡겨 두면 좋다고 논하는 편이 잘 통한다.

이러한 물음의 관점에서 보면, 현재의 숙의민주주의론은 대표제론 때문에 조심스러운 구석이 있는 듯 보인다. 숙의를 끝까지 파고들면 대표제와의 투 트랙을 유지할 이유가 없음에도 불구하고, 현실적으로는 대표제를 포기할 수 없기 때문에 일부러 복잡하게 논의하는 것처럼 보이기도 한다.

이렇게 생각해 보면 현재의 숙의민주주의론에는

두 가지 문제가 있다. 첫째, 미니 퍼블릭스처럼 숙의민주주의의 주요한 아이디어조차 많은 부분을 대표제에 가까운 형식에 의거하면서 그 대표제 자체의 성격을 충분히 논하지 않는다. 즉 대표제 비판을 표방하면서 스스로도 대표제라는 논점은 다루지 않는다.

수상공선제론이 그랬던 것처럼 숙의론도 시민이 직접 정치과정에 관여하는 포인트가 있다는 점이 직접민주주의와 동등하다고 생각하는 경향이 있다. 그러나 실제로는 대표제임에도 불구하고 직접제와의 차이에 둔감하다면 대표제에 관한 명확한 이해가 존재하지 않음을 증명하는 꼴이 아닐까.

둘째, 가령 숙의민주주의론이 대표제와 전혀 다른 직접제의 모델을 제시했을 때 대표제를 계속 옹호할 이유가 있는가라는 근본적인 문제다.

앞서 기술했듯 대표제에 대한 이해가 숙의론에 결여되어 있다면, 그에 기반한 대표제 불요론에는 설득력이 없다. 그러나 숙의라는 구상을 논리적으로 완결한다면 대표제가 아닌 직접민주제에 도달하는 것 또한 확실하다. 그렇다면 숙의의 직접제 지향을 받아들이면서 동시에 유의미한 대표제론을 전개하는 것은 가능할까.

이 두 가지 논점은 공통적으로 '대표제에 고유한 의미가 있는가', '대표제 고유의 의미란 무엇인가'라는 질문에 대한 답을 요구한다. 그리고 서장에서 논했듯이 대표제를 필요악으로서만 논하는 것이 아니라 고유의 가치를 인정하는 논의도 적지 않다. 그러면 대표제가 지닌 고유한 의미는 어떻게 해야 분명히 드러날까. 먼저 다음장에서 대표라는 개념의 복잡성을 풀어헤치는 것부터 시작해 보자.

제3장
대표의 개념

대표민주주의는 대표제·의회제라는 형태로 현존하는 정치체제의 주류를 이루고 있다. 그러다 보니 당연시되는 측면이 있고, 대표제의 기능과 특징에 관한 고찰은 잘 이루어지지 않는다. 그 때문에 "필요악"이라는 생각이 뿌리 깊게 자리잡았고 대표제의 적극적인 의의와 역할에 대해서는 잘 관심 갖지 않는 경향이 있다.

유권자와의 직접적인 관계를 중시하는 수상공선제론과 숙의민주의론 또한 실제로는 대표제의 요소를 가지고 있으나, 그 역할과 기능에 대해서 논하는 경우는 드물다. 대표제론은 이른바 민주주의론의 에어포켓이 되어 버린 상태다.

이러한 상황에 입각해 이번 장에서는 대표 개념의 이론적인 검토를 통해 대표제의 특질이 어디에 있는지 고찰해 보고자 한다.

제1절 대표 개념의 이중성

대표민주주의란 '특정한 방법으로 대표를 선출하고, 그 대표가 모여 심의, 결정하여 사안을 진행하는 방법'(이노구치 타카시, "대표민주주의", 『정치학 사전』, 고분도, 2000)[24]이다. 일반적으로는 선거를 통해 선출된 국회의원이 입법부에 모여 정치를 수행하는 의회민주주의가 대표민주주의의 전형으로 여겨진다.

대표란 무엇인가? 직관적으로 떠올렸을 때는 누군가가 다른 사람 대신에 일을 수행하는 것을 말한다. 이같은 의미는 얼핏 생각할 때 매우 명료하기에 대표에 대해서도 대표제에 대해서도 일부러 그 자체의 의미와 내용에 관해 자세히 논하는 경우는 없다고 생각된다.

그러나 사실 대표란 매우 복잡하게 얽혀 있는 개념이다. '대표한다'는 의미의 영단어 represent를 영어 사전(*Oxford Advanced Learner's Dictionary*)에서 찾아보면 앞부분에 '집단을 구성하는 멤버의 일원으로 행사나 회합에서 그 집단을 위해 행동하거나 발언하는 것' 혹은 '누군가를 위해 공식적으로 행동하거나 발언하며 그 사람의 이익을 지키는 것'이란 해석이 나온다. 그 외에도 무언가의 전형이나 상징, 무언가를 표현하는 것 등의 의미가 열거되어 있다. 어느쪽이든 어떤 것을 다른 것이 모종의 형태로 표현하는 것이라는 큰 의미에서는 같다.

일본어도 이와 비슷하나 일본어사전에 다소 다른 뉘앙스도 존재한다. 예를 들어 『신명해국어사전新明解国語辞典』의 '대표' 항목에는 '그 조직·단체 등의 의견·의사 등을 반영하는 자로서, 구성원 중에서 선출되어 공적인 자리(장)에 참여하는 자격이 부여되는 것 또는 그 사람', '관련된 한 무리에 공통되는 특징·특질 등을 지니고, 그 전형으로서 가장 첫 번째로 인정되는 것 또는 그것', '관련자 중에서 가장 높은 능력을 지닌 것으로 뽑혀, 공식적인 경기 등에 참여 가능한 자격을 인정받는 것 또는 그 사람'이라는 의미가 나와 있다.

대표민주주의를 생각할 때 '대표'라는 단어가 지닌 의미의 복잡성은 중요하다. 단순한 질문으로 바꿔 보자. 선거를 통해 선출된 의원은 '누군가를 위해 공식적으로 행동하거나 발언'하는 존재일까 혹은 '관련된 사람들 중에서 가장 높은 능력을 지닌 사람'일까?

예를 들어 시민은 정치가에게 높은 인격과 능력을 기대하는 경우가 많다. 사람들의 대표로서 사회를 선도해 나가기 때문에 그에 걸맞은 우수한 식견과 도덕, 사고력, 행동력이 필요하다고 생각하는 것이다.

그러나 다른 한편으로 사람들은 자신과 가까운 정치가에게 친근감을 느낀다. "초짜" 정치가야말로 바람직하다고 생각하는 유권자도 있을 것이다. 왜냐하면 직업 정치가는 정치 세계의 특수한 논리에 물들어 일반 시민이 지닌 보통의 감각을 잃어버리게 되기 때문이다. 엘리트 정치가와 "서민파" 정치가 중에서는 "시민 감각"을 지닌 서민파가 바람직하다. 이것 또한 나름 이치에 맞는 이야기로 여겨진다.

이처럼 대표에 관련된 이중성은 기존 정치 이론에서도 빈번하게 다뤄진 문제였다. 이른바 '지역대표'와 '국민대표'라는 두 대표관의 싸움이다. 여기에는 18세기 영국의 정치가 · 사상가로, 프랑스혁명을 비판한 『프랑스혁명에 관한 성찰』(이태숙 옮김, 한길사, 2008)로 잘 알려진 에드먼드 버크Edmund Burke의 '브리스톨 연설'을 가장 중요하게 참조할 수 있다.

여러분, 분명히 선거구의 유권자와 튼튼히 연결되어 긴밀하게 연락을 취하고 솔직하게 의견을 주고 받는 것은 대의사a representative로서 행복하고 영광된 일임에 틀림없습니다. 대의사에게 유권자의 바람은 매우 중대한 것이어야 하며, 유권자의 의견은 존중받아야 마땅합니다. 대의사는 유권자의 용건에 끊임없이 주의를 기울여야 합니다. 자신의 쉼과 즐거움, 만족을 유권자 여러분을 위해 희생하는 것은 대의사의 의무입니다. 특히 어떠한 경우에도 대의사는 자신의 이익보다 유권자의 이익을 우선시해야 합니다.

그러나 편향되지 않은 의견, 성숙한 판단, 바르게 열린 양심 등을 희생하면서는 여러분에게도, 여러분 이외의 누구에게도, 그리고 어떤 무리에게도 봉사할 수 없습니다. 자신의 기쁨을 얻기 위함이 아니며 법과 헌법에서 도출되는 것도 아닙니다. 이것들은 신으로부터 부여된 것이며, 이것을 남용하지 않을 책임이 있는 것입니다. 대의사가 여러분들에게 의무를 진 것은 단지 근면하게 노력하는 것이 다가 아닙니다. 자신의 판단judgement을 희생하며 여러분의 의견opinion에 따르는 것은 여러분에게 봉사하는 것이 아니라 여러분을 배신하는 것을 의미합니다.[*]

---

[*] Edmund Burke, "Speech to the Electors of Bristol," 1774, in *Select Works of Edmund Burke*, *Miscellaneous Writings*, Liberty Fund, 1999

선거구 이익을 중시하면서도 군이 대의사의 '판단'의 우위와 독립성을 호소한 버크의 이 연설은 국민대표의 이념을 전형적으로 나타내는 것으로 전해져 왔다. 일본국 헌법이 '양의원은 **전국민을 대표하는** 선출된 의원으로 조직한다'고 정한 것도 바로 국민대표의 이념에 기초하고 있기 때문이다.

'지역대표'를 '이익대표'나 '직능대표' 등으로 바꿔도 문제의 본질은 바뀌지 않는다.* 요컨대 여기에서는 대표가 특정한 선출 모체·모집단의 이해관계에 충실히 따라야 하는지, 혹은 선출의 기반이 된 모집단과 거리를 두면서라도 전체의 이익을 고려해서 행동해야 하는지가 문제가 된다.

만약 특정 집단에 충실히 따라서 행동하는 것이 요구된다면, 유권자와 대표 사이에는 소위 "위임"이나 "명령" 관계가 발생하게 된다. 좁은 의미에서의 대리 관계라고도 할 수 있다.

---

* 직능대표란 지역이나 이해관계에 그치지 않고 직업의 종류 별로 형성된 단체를 기초로 해서 대표제를 구성한다는 생각이다. 20세기 초 유행한 영국의 다원적 국가론 중에는 지역대표제를 대신하는 유력한 제도 구상으로서 주목받았다. G. D. H. 콜Cole의 〈길드 사회주의론〉이 그 한 예다.

반대로 만약 국민 전체를 가장 우선으로 생각하고 행동해야 한다면, 대표는 유권자로부터 일정 부분 독립해 있지 않으면 안 된다. 또한 유권자로부터의 독립이 허용되었다는 것은 대표의 판단이 유권자 개개인의 판단보다 적절하다고 여기는 셈이 된다. 이는 '위임-독립 논쟁'이라고도 불리는 정치학의 고전적인 문제다.

이 논쟁에도 여러 포인트가 있는데, 가장 격하게 대립하는 논점 중 하나가 대표의 독립성을 인정하면 반민주적인 엘리트주의도 동시에 인정하게 되지 않는가라는 문제다. 선출의 근거가 시민에게 있는 이상, 독립성을 취한다고 해서 그것이 그대로 단순한 엘리트주의가 되는 것은 아니다. 그렇다고 해도, 시민으로부터 선출되었으면서 왜 시민의 의견과 다른 판단이 허락되는가 하는 문제는 남는다. 앞서 대표가 지닌 의미의 이중성을 논했는데, 그 이중성은 바꿔 말하면 대표의 민주적인 성격과 엘리트주의적인 성격이라고 할 수 있다.

아래에서 대표 개념을 자세하게 검토함으로써 대표제에서 민주적 요소와 엘리트주의적 요소가 어떤 관계를 맺고 있는지 고찰해 보자.

제2절 피트킨의 대표론

홉스의 대표론과 권위부여이론

현대의 대표 개념 연구 중에서 출발점으로 삼을 만한 기본문헌은 한나 피트킨Hanna Pitkin의 『대표의 개념』이다. 선구적인 일본 연구로는 오가와 코이치小川晃一의 『북대법학논집』[25]에 게재된 "정치적 대표의 논리(1986)", "정치적 대표의 논리1(1988)", "정치적 대표의 논리2(완, 1988)"가 있는데, 이 논문에서도 피트킨의 연구가 '획기적'으로 '지금까지의 연구 수준을 단숨에 끌어올렸다'고 평가한다("정치적 대표의 논리", 주(14)).

피트킨은 토마스 홉스의 『리바이어던』에 나온 대표 개념을 논의의 축으로 삼는다. 이것은 홉스가 사회계약론의 시조라 여겨지는 것과 무관하지 않다.

사회계약론에서는 정치란 왕이나 귀족 등 태생적으로 높은 지위에 있는 존재가 민중에게 내리 행하는 것이 아니라, 평등한 사람들 사이의 자주적인 계약에 의해 성립하는 것이다. 따라서 리더를 선출하는 주체 또한 평등한 시민이어야 한다. 리더는 시민과 격리된 존재가 아니라, 주체인 시민을 '대표'하는 역할만을 수행한다. 민주적인 사회의 구성 원리 그 자체가 대표로서의 리더를 필요로 하는 것이다.

홉스의 대표론은 『리바이어던』 제16장에서 전개되어, 주로 인격person에 대한 논의로 이루어져 있다(이하, 『리바이어던』, 이와나미문고, 1982-1992 참조). '훌륭한 인격' 등으로 말할 때 쓰이는 도덕적인 의미를 지닌 인격이 아니라 법률상의 행위를 하는 주체로서의 인격이다. 우선은 '회사가 법인격을 지닌다'고 말하는 경우의 인격을 머릿속에 그리면 된다.

홉스는 인격을 '그의 말 혹은 행위가 그 자신의 것으로 보이는가, 혹은 그 말이나 행동이 귀착하는 타인 혹은 무언가 다른 것의 말 혹은 행위를 진실로 혹은 의제적으로 대표하는 것으로 보이는' 사람이라 정의한다. 그리고, 이 인격은 자연적 인격과 인위적 인격이라는 두 종류로 분류된다.

홉스의 정의에 의하면, 사회계약에 의한 정치체 즉 코먼웰스란 '하나의 인격으로서 그의 행위에 관해 일대의 군중이 각인의 상호 신약에 의해 각인 모두를 그 행위의 본인으로 인정한 것이며, 이는 이 인격이 그들의 평화와 공동방위에 적합하다고 생각하는 바에 따라 모두의 힘과 수단을 이용할 수 있게 하려 함'이다(제17장). 즉 리바이어던이라는 정치체(현대적으로는 주권 국가에 해당한다)란 사람들의 신약을 통해 통일된 의지를 지니는 하나의 인격이라고 여겨진다.

자연적 인격과 인위적 인격의 구별에 적용하면, 사회계약을 성립시키는 각 개인은 자연적 인격이며, 리바이어던이 인위적 인격인 셈이다. 단 이 인위적 인격은 한 사람의 인간으로 체현되는 데 국한되지 않는다. 제1장에서도 인용한 부분인데, 홉스는 정치체를 세 종류로 구분한다. 즉 '제 코먼웰스의 차이는 주권자 즉 군중의 모든 것과 각인을 대표하는 인격의 차이다. ……(중략)…… 즉 대표는 한 사람 혹은 그보다 많을 수밖에 없으며, 만약 두 사람 이상이라면 그때는 모두의 합의체이거나 일부의 합의체다. 대표가 한 사람인 경우에는 이 코먼웰스는 **군주정치**이며, 그것이 거기에 모이는 의지를 지닌 모든 이들의 합의체인 경우에는 **민주정치** 즉 민주적 코먼웰스이고, 그것이 일부만의 합의체인 경우에는 **귀족정치**라 불린다'(제19장).

여기에서 '모든 이들의 합의체'인 민주정치 또한 대표라는 틀 내에서 논의된다는 점에 주목해 두자. 홉스에게 있어 자연 상태의 사회는 '만인의 만인에 대한 투쟁' 즉 '전쟁상태'에 있다(제13장). 현대식으로 바꿔 말하면 다양한 이해가 충돌하는 상태다. 단순히 사람들이 모인 것만으로는 이 전쟁상태는 해소되지 않는다. 전쟁상태를 해소할 수 있는 정치체가 성립하기 위해서는 신약에 의해 한 사람의 인격이 된 정치체가 필요해진다.

그 인격을 대표하는 것이 한 사람이든 부분이든 전체든, 그것은 단순히 사람의 무리가 아니라 자연을 벗어난 인공적인 기구여야 한다. 따라서 민주정치라고 해도 자연적인 사람들을 '대표'한다는 점에서는 다르지 않은 것이다. 홉스에게 대표란 자연의 인격을 지닌 각 개인을, 인원수야 어찌되었든, 인공적인 국가에 접속시키기 위한 장치라고 말해도 좋을 것이다.

이러한 인공의 인격은, 본인이 행위자에 대해 권위를 부여한다는 이론에 의해 정통성을 갖는다. 피트킨이 '권위부여이론authorization theory'이라고 부른, 지금 현재도 대표론의 주류가 되는 사고방식이다. 홉스는 '인위적 인격 안에 있는 이는 그들의 말과 행위가 그들이 대표하는 이에게 귀속owned된다. 그리고 그때 그 인격은 행위자[배우]이며, 그의 말과 행위가 귀속하는 이는 본인AUTHOR이고, 이 경우에 행위자는 본인의 권위에 의해 행위하는 것'이라고 했다(제16장).

피트킨의 정의에서는, 대표로서 행동하기 위해 그

이전에는 지니지 않았던 권리에 대한 권위를 부여받아, 다른 한편으로 대표되는 이는 마치 그 행위를 자기 자신이 한 것처럼 결과에 대한 책임을 진다는 것이 권위부여이론의 틀이다. 이 경우 대표되는 본인에게는 책임이 있지만 대표자는 면책되므로 대표자에게 유리한 조건이라 할 수 있다.

또한 권위부여를 중시하는 경우 최초의 권위부여에 주의가 집중되므로, 그 이후의 대표의 행동은 상대적으로 경시된다. 그 때문에 피트킨은 이를 '형식주의적인 관점formalistic view'이라고 말한다. 대표는 최초의 권위부여 단계를 지나면 대표자의 자유로운 행동이 허락되어, 블랙박스처럼 대표자의 행위 내용은 따지지 않게 된 것이다.

홉스의 대표론이 그 민주적 함의에도 불구하고 전제적인 성격을 강하게 지니는 것은 이러한 권위부여의 구조에 기인한다. 실제로 홉스의 대표론에 따른다면 만약 코먼웰스가 의회제의 형태를 취한다고 해도 전제적인 의회제가 되는 것을 피할 수 없다(오가와 "정치적 대표의 논리", p. 15).

묘사적 대표의 이론

피트킨은 홉스의 논의가 대표 개념의 한 가지 측면만 드러내는 불완전한 것이라 말한다. 일단 대표자에게 권위를 부여하면 그 이후에 사람들에게는 복종밖에 선택지가 없어지기 때문이다. 대표를 통해 사람들이 정치에 참여하는 측면에 대한 관심이나, 복종과 협력의 동기를 유지하는 방법에 관한 문제의식은 희박해진다. 이 점에서 홉스의 이론은 대표에 권위를 부여하기는 하지만, 대표보다도 권위부여의 측면에 무게가 실려 있다.

이에 비해 다른 시각에서 대표를 논하는 것이 '묘사적 대표론descriptive representation'이다. 예를 들어 의회가 적절히 구성되어 있다고 말하려면 어떤 상태여야 하는가라는 문제를 생각해 보자. 의회가 사회의 구성을 왜곡하지 않고 정확히 반영하고 있는 경우가 하나의 대답이 된다.

이처럼 의회가 사회의 구성의 "축소도"가 되어야 한다거나, 의회는 민의를 반영하는 "거울"이어야 한다는 생각이 묘사적 대표론이다. 피트킨의 말을 빌리면 묘사적 대표론은 권위부여이론과 달리 대표자의 특징에 주목한다. 즉 대표가 무엇을 하는가보다도 대표가 누구인가를 중시하는 것이다.

이 대표관을 취하는 경우의 정치적 함의는 작지 않다. 예를 들어 선거 제도에서 소선거구제보다 비례대표제가 지지를 받게 될 것이다. 의회가 사회의 축소도이려면 사회 내의 의견과 속성의 분포가 의회에 비례적으로 반영되어야 하기 때문이다.

또한 의회의 역할도 권위부여이론에서 말하는 것과는 달라진다. 권위부여이론의 경우, 의회에게 중요한 것은 하나로 정리되는 것이다. 전쟁상태의 사회에 질서와 안정을 가져오기 위해서는 인격의 통일성이 필요하기 때문이다. 홉스의 말을 빌리자면 '인간의 군집a multitutde of men은 그들이 하나의 인간 혹은 하나의 인격에 의해 대표될 때 **하나의** 인격인 것'이다(제16장).

소선거구제 기반 이대정당제(양당제)에서의 정권교체론이 일본의 정치를 개혁하기 위한 안으로 종종 주장되는데, 이는 권위부여이론과 잘 어울린다. 득표수 이상의 과대한 의석을 지닌 여당을 통해 리더십을 발휘하기 쉬운 환경이 마련된다고 생각할 수 있기 때문이다.

반대로 묘사적 대표관에서는 정책 결정과 실행의 신속성보다는 의회에 반영되는 다양한 사람들의 의견과 이해에 대해 청취하고 논의하는 것이 중요시된다. 의회가 토론의 장으로서의 성격을 강하게 띠게 되는 것이다. 이를 위해 묘사적 대표관은 현대적인 논의 중에서도 숙의민주주의론에 잘 어울린다. 실제로 미니 퍼블릭스론은 무작위 추출이라는 방법으로 사회의 축소도를 드러내는 것이라고 할 수 있다.

그러나 묘사적 대표론 역시 권위부여이론과 마찬가지로 하나의 측면을 부각한 이론이라는 점은 다르지 않다. 피트킨은 묘사적 대표론의 불완전성을 그림의 예를 사용해 설명한다.

일본어에서는 '대표'라는 단어가 일상적으로 예술과 결부된 이미지로 논의되는 경우가 거의 없다. 그러나 영어 단어represent는 예를 들어 '특히 회화에서 누군가, 무언가를 나타내는 것to show sb/sth, especially in a picture*'이라는 의미를 지닌다.

홉스의 인격론 또한 연극의 비유로 설명된다. '인격이란 무대에서도 일상의 대화에서도 **배우**actor와 마찬가지다. **분장**personate이란 그 자신이나 다른 사람을 **연기하는**act 것, 즉 **대표하는**represent 것이다. 그리고 타인을 연기하는 자는 그 사람의 인격을 짊어지거나 그의 이름으로 행동한다고 일컬어진다(제16장)'. 즉, 본인이나 본체를 모종의 방법이나 매개를 통해 별도의 형태로 재현

---

*   *Oxford Advanced Learner's Dictionary*

하는 것이 대표·표현의 기본적인 이미지인 것이다.

피트킨에 의하면 이러한 재현은 항상 정확함을 지향하지는 않는다. 사실주의적인 작풍이나 예풍이 있다고 해도, 그것이 회화나 연극의 모든 것이라고는 할 수 없다. 또한 사실이라고 해도 현실의 모든 것을 정확히 도려내 표현하는 것은 불가능하다. 애당초 완전히 동일한 현실이 재생산된다고 할 때, 그것은 대표나 표현이라고는 말할 수 없을 것이다.

일반적으로 무언가를 표현할 때는 무언가 목적이 있어서 그 목적에 따라 현실의 일면이 이른바 "도려내진다." 화가는 일정한 시점에서 인물과 풍경을 그리며, 배우는 독자적인 역할 연구를 통해 어떤 사람의 인생을 표현하려 한다. 즉 '대표란 유사성이나 일치성과 마찬가지로 거리와 차이를 필요로 한다(Pitkin, p. 68). 따라서 묘사적 대표론에도 대표자의 독립성을 인정할 여지가 있으며, 이 점에서는 권위부여이론에 접근하는 셈이 된다.

이 "비슷한 동시에 다르다"는 대표의 특성은 대표민주주의의 이중성에도 반영된다. 의원에게는 유권자의 의견을 의회 토론의 장에 전달하는 역할이 기대되는데, 단지 유권자의 의견을 전달만 한다면 괜찮을 리가 없다. 단순한 전언자 역할에는 창조성과 리더십이 필요하지 않다. 그러나 창조성과 리더십이 없는 정치가를 우수하다고 평가할 유권자는 많지 않을 것이다.

정치가는 창조적인 전달자여야 한다. 그리고 전달 자와 창조적 행위자 중 어느 측면이 중요한지는 상황에 따라 달라진다. 홉스처럼 질서를 추구한다면 대표자는 단순한 전달자 역할에 그칠 수 없다. 권위부여이론이 필요한 이유가 여기에 있다. 다른 한편, 사회 내에서 일 부 사람들의 목소리가 버려지고 있을 때는 묘사적 대표 가 필요하다. 대표의 두 가지 얼굴이 지니는 중요성은 그때 그때 정치적 상황에 따라서 바뀌는 것이다.

대표의 상대적 성격

피트킨은 권위부여이론과 묘사적 대표론에 더해 서 책임적 대표관accountability view 혹은 상징적 대표관 symbolic representation도 설명하고 있다. 책임적 대표관은 사전의 판단에 기초한 권위부여이론과 달리 대표자의 행위에 대해 사후적으로 평가해 책임을 묻는 것이다.

이것은 일단 대표에게 권리를 부여한 후에는 그의 통치에 대한 개입이 불가능하다는 홉스의 주장과 비교 할 때 유권자의 참여를 유도하기 쉬운 생각이다. 그러나 사후적 평가로는 대표가 한창 행동하고 있을 때 유권자가 관여하기 어렵다. 극단적인 경우, 대표자가 사후의 부정적 평가를 각오하고 유권자의 의지에 반해서 행동하는 것 또한 가능하다. 따라서 책임적 대표관은 권위부여이론과 마찬가지로 형식적 대표의 범주로 구분된다.

상징적 대표관은 묘사적 대표관과 마찬가지로 대표가 유권자를 모종의 형태로 표현한다는 데 중점을 둔다. 다만 묘사적 대표가 사회 내의 다양한 의견이나 정보를 정확히 반영한다는 합리적인 목적을 지니고 있는 데 비해, 상징적 대표는 감정이나 신앙에 기반한 비합리적인 요소를 강하게 지닌다.

민주제에서는 사람들의 지지를 모으는 사람이야말로 대표로서 어울린다는 것이 일반적인 견해일 것이다. 그러나 지지가 모이면 좋다는 것만으로는 시민의 자발적인 지지와 위로부터의 조작이나 동원을 구별할 수 없다. 민주적인 대표이기 위해서는 지지를 받는 것에 더해 이 지지에 적절한 이유가 있어야 한다. 상징적 대표관에서도 유권자 의견의 반영만으로 논의를 진전시킬 수 없는 것은 묘사적 대표와 마찬가지다.

이처럼 책임적 대표관이나 상징적 대표관을 취한다고 해도 대표 개념에 관한 모호함을 제거하는 것은 불가능하다. '위임-독립 논쟁'에 관해서는 긴 논의가 반복되어 왔다. 그러나 피트킨의 분류를 접한 이후에는 위임과 독립 중 어느 쪽이 옳은 대표 개념인가라는 문제 설정 자체가 헛되다는 것을 알 수 있다.

대표는 이미 권위를 부여받았다는 의미에서 독립성을 지니지만, 그것만으로는 그를 선출한 이와의 연결이 끊어져 버린다. 연결을 회복하기 위해서는 사후적인 평가만으로는 불충분하다. 만약 선출한 이와의 항상적 연결을 중시한다면 묘사적 대표관을 취하는 편이 좋다. 그러나 유권자와 대표가 완전히 연결된 상태로는 창조성이나 리더십을 발휘하기 어렵다. 또한 합리적인 이유가 결여된 상태에서 유권자와 대표가 감정적으로 연결된다면 유권자가 조작 당할 위험성마저 발생한다.

이들 대표관은 각각이 한 측면의 진리임과 동시에 각각이 결점을 가지고 있어 상호 보완하는 관계를 이루고 있다. 즉 대표란 하나의 올바른 정의로 설명할 수 없으며, 모순하면서 상호 보완하는 복수의 유력한 정의로 짜맞춰져 있기 때문에 모호함을 걷어낼 수 없는 개념인 것이다.

애당초 문제의 근본은 어떤 것을 일정 부분 닮아 있음에도 일정 부분 차이가 있는 형태로 재현한다는 대표 개념의 기본적인 틀 자체에 있다고 할 수 있을 것이다. 닮음과 차이의 정도는 상황에 따라 다르다고 말할 수 밖에 없다. 하물며 민주제처럼 대표를 어떻게 보는가에 대해 다양한 의견이 허용되는 정치 체제에서라면 더더욱 그렇다. 대표민주주의를 실현해 나가는 과정은 이같은 모호함과 상대성을 어떻게든 역이용해서 정치적으로 유효한 귀결을 이끌어내는 것이다.

제3절 대표 개념의 새로운 국면

피트킨의 논의에서 볼 수 있듯 대표 개념에는 경중을 가릴 수 없는 여러 요소가 복잡하게 뒤얽혀 있으며, 그때 그때의 정치 상황에 따라 강조되어야 하는 지점이 바뀐다. 피트킨 역시 20세기의 정치 상황을 전제로 권위부여이론이나 묘사적 대표론과는 다른 새로운 이론 전개를 모색한다. 이번 절에서는 피트킨의 저서 후반부에서 시작해 대표 개념을 둘러싼 최근의 전개에 이르기까지 현실과 이론의 두 측면에서 접근해 보고자 한다.

피트킨의 실질적 대표론

피트킨은 권위부여이론이 행위 내용의 평가를 다루지 못하는 점을 문제시했다. 권위부여이론에서는 최초의 권위부여 이후에 어떤 행위가 본인의 이익이 되는지를 대표자가 결정한다. 따라서 대표의 행위 내용에 관해 대표되는 본인은 영향을 미칠 수 없다. 앞에서도 기술했듯이 민주적이어야 할 홉스의 이론이 전제적인 결론을 낳는 것은 이러한 특질 때문이다.

한편 묘사적 대표론이나 상징적 대표론 또한 대표자의 행위에 대한 평가 기준에 관해서는 이야기하지 않는다. 묘사적 대표론에서는 민의의 다양성을 반영한 의회에서 활발한 논의가 이루어진다. 그러나 그것은 어디까지나 대표자들 간의 논의에 한정되며, 대표되는 본인은 논의에 관여할 수 없다.

상징적 대표론 또한 의견이 반영인지 조작인지를 확정하는 기준은 없었다. 대표되는 이가 자기 자신 쪽에 특정한 가치 기준을 정해 두지 않으면 상징적 대표가 비합리적인 백지위임으로 변질할 위험성을 완전히 씻어낼 수 없다.

피트킨은 이러한 대표론에 대한 대안으로 '실질적 대표substantive representation'라는 개념을 제시한다. 이 논의는 대표자가 실제로 무엇을 하는지에 주목한다. 즉 대표 행위의 내용을 묻는다.

권위부여이론에서도 최초 단계에서는 당연히 특정한 목적이 있기에 수권授勸이 이루어진다. 실질적 대표론에서는 수권의 단계가 아니라 대표 행위가 실제로 진행되는 단계에서 그 목적이 정말로 실현되는지 그 내용까지 파고들어가 평가한다. 즉 대표자가 생각하는 이익의 내용이 정말로 대표되는 본인의 이익에 도움이 되는지 평가한다.

실질적 대표론은 수권 시의 대표자와 대표되는 이의 연결과 수권 이후에 대표자가 지니는 독립적 성격 사이의 분단을 해소하려는 시도다. 대표자는 대표라는 행위를 계속할 때 항상 대표되는 이와의 상호작용 속에 있어야 한다.

독립한 판단과 행위의 여지도 인정되지만, 대표자와 대표되는 이 사이에 깊은 골이 생기는 경우에는 대표자가 자신의 행위와 판단이 어떻게 대표되는 이의 이익이 되는지 설명할 책임을 진다. 다른 한편 대표되는 이에게도 대표자의 행위에 대한 감시를 소홀히 하거나 무관심한 상태에 머물러 있는 것이 허용되지 않는다. 권위부여이론에서 실질적 대표론으로 이어지는 피트킨의 논의가 대표의 민주적 성격을 강조하는 방향으로의 전환을 목표로 하고 있음은 명백하다.

권위부여이론의 본질

피트킨의 저서는 1967년에 출판되었다. 지금으로부터 약 반 세기 전의 일이다. 시론이 아닌 고도로 학술적인 저작이다. 그러나 여기에 포함된 정치적인 의미는 지금도 명백한 동시에 중요하며, 실질적 대표론은 오늘날의 대표제 개혁론으로서도 충분히 통용될 만한 사정거리를 지니고 있다.

그러나 실질적 대표라는 아이디어가 어느 정도 이후의 민주제와 민주주의론에 영향을 미쳐 왔는지 의문도 남는다. 왜냐하면 대표의 실질을 어떻게 판단할 것인가에 관해 명확한 기준과 수단이 발견되지는 않았기 때문이다.

실제로 현실 정치에서는 여전히 권위부여이론의 영향력이 커서 실질적 대표를 지향하는 시도가 일그러지기도 한다. 최근의 일본 사례인 매니페스토 선거의 도입을 통해 이를 살펴보자.

현재의 일본 정치에서는 선거 시에 각 정당이 정권 공약을 통한 '매니페스토'를 내걸고 싸우는 광경이 정착한 듯 보인다. 민간기관인 21세기 임시행정조사회는 2000년 6월 총선거를 앞두고 『'정치가와 유권자의 공동 작업'―의의 있는 총선거를 위해』[26]라는 제안을 발표했는데, 거기에서 이미 매니페스토의 채용에 관해 말하고 있다.

또한 장래의 정책 구상에 관해서는 여당과 야당

모두 다음 4년의 임기 중에 어떤 '절차'와 '기한',
'재원'을 통해 실현할 것인가를 정권 운영의 매니
페스토(공약의 실행계획)으로서 명확한 형태로 보
여야 한다. 야당이 내거는 정책에 관해서는 왜 현
재의 연립 여당이 실현할 수 없는가를 구체적으
로 설명할 것.

그때는 실현되지 못했으나, 이후 고이즈미 정권
아래에서 정권교체를 목표로 하는 민주당이 매니페스
토를 적극적으로 추진하게 되었다. 그리고 드디어 2003
년 총선거에서 매니페스토 선거가 본격적으로 실현된
다. 이때에도 21세기 임시행정조사회가 제언을 했으므
로, 길지만 그 일부를 인용해 둔다(『정권공약[매니페스토]
에 관한 긴급 제언—친정치개혁 제언 · 정당의 재건과 정치 주도
체제의 확립』).[27]

매니페스토에 대한 표준 번역은 없지만, 우리는
매니페스토를 정당이 정권 임기 중에 추진하려
는 정권 운영을 위한 구체적인 정책 패키지로 본
다. ① 검증과 평가가 가능한 구체적인 목표(수치
목표, 달성 시기, 재원적인 근거 등), ② 실행 체제와
기구, ③ 정책 실현의 공정표(로드맵)를 가능한 한

명확한 형태로 나타낸 '국민과 정권 담당자와의 계약'인 것이다.

우리가 이처럼 종래와 같은 형태의 선거 공약을 대신하는 매니페스토의 도입을 정당에게 강하게 요구하는 것은 단지 영국을 비롯한 여러 외국의 정당에서 이미 같은 시도가 이루어졌기 때문이 아니다. 또한 훌륭한 공약집을 만드는 것 자체가 목적도 아니다.

매니페스토의 도입을 요구하는 이유는 그것이 일본 정치에서 정치 주도를 구체적인 형태로 작동시키기 위한 기점이 될 수 있기 때문이며, 정당과 정부의 질을 시스템적으로 크게 바꾸기 위한 유력한 도구가 될 수 있다고 생각하기 때문이다.

매니페스토는 새로운 시스템 만들기의 도구임과 동시에 새로운 정치 사이클 만들기의 도구다. 정당이 매니페스토를 의미 있는 것으로 만들려 한다면, 매니페스토 도입을 시도함으로써 새로이 표면화할 미해결의 정치개혁 과제에 결착을 지으면서, 총선거 → 조각 → 정책 결정·정책 실시 →

업적·실적 평가 → 총선거의 정당정치 사이클을 실현하는 수밖에 없다.

매니페스토의 도입이 유권자의 선택과 연동되지 않는 불투명한 정치를 개혁하고 정권교체가 가능한 정치를 실현하기 위한 것이었음은 더 설명할 필요가 없다. 유권자는 정당이 미리 제시한 정책을 바탕으로 판단하고, 여당 정권이 그 정책을 일탈하지 않고 실행해 나가는지 감시한다. 매니페스토의 도입에 의해 높은 투명성을 지닌, 민의에 기반한 정치의 실현이 기대되는 것이다.

그러나 이후의 상황은 완전히 돌변하여 매니페스토의 폐해에 대한 비판이 집중적으로 이루어진다. 매니페스토에서는 정치가의 조작과 회피를 방지하기 위해서 수치 목표와 달성 기간의 명시가 요구된다. 그러나 실제로 민주당이 정권을 획득했을 때는 이것이 오히려 여당의 유연한 대응을 봉쇄하고 행동의 자유를 빼앗는 결과로 이어지기도 했다.

제2장에서도 기술했듯이 2009년에 민주당으로 정권교체가 이루어진 후 사업 분류에 의한 세출 삭감만으로는 사회보장비와 연금 재원의 확보가 불가능하다는 것이 분명해졌다. 또한 동일본대지진 이후 재건을

위한 재원 등 위기 대응을 위해 유연한 노선 변경도 필요했졌다. 이때문에 사전 공약인 매니페스토와 실제 정권을 잡은 측의 설명이 서로 어긋났고, 공약과 정책과의 관련성이 오히려 불투명해졌다.

여기에서 매니페스토 도입의 부분적 혹은 일시적 성패를 묻는 것은 그다지 생산적이지 않다. 성패야 어찌되었든 정권교체가 없는 55년 체제 아래에서 백지위임형 정치를 타파하고 국민의 손으로 정치를 되돌리자는 시도의 의미 자체는 충분히 이해 가능한 것이었다. 정책의 방향성과 구체적인 목표에 대해 유권자와 정치가가 명시적으로 사전 계약을 교환해 둔다는 모델은 분명히 유력한 개혁안의 하나였던 것이다.

다만 실제 정치 과제를 모두 사전에 예측하는 것이 불가능하다는 사실 또한 분명하다. 그렇기에 매니페스토가 정치의 경직화를 초래했음을 부정할 수는 없다.

문제는 매니페스토 도입의 공과보다는 매니페스토를 어떤 성격으로 보고 어떻게 이용할 것인가에 대한 정치가들 간의, 정치가와 유권자 간 공통적인 이해가 뚜렷하지 않았다는 점이 아닐까.

그리고 매니페스토를 어떤 방식으로 이해할지는 바로 대표관의 문제이기도 하다. 매니페스토가 종종 유권자와 정치가 사이의 사전 계약으로 여겨지는 것으로부터도 알 수 있듯, 매니페스토 정치란 권위부여이론형의 대표관에 기초한 대표민주주의론이라고 볼 수 있다. 정치가에게 유권자와 약속한 정책을 실행하는 것만 허용된다면, 정치적 교섭의 가능성을 수권이 이루어지는 시기로 한정한 권위부여이론의 틀과 딱 들어맞는다.

또한 대표가 수행해야 할 행위는 사전에 결정되어 있으므로 유권자에게 남겨진 일은 그 행위가 사전의 계약 조항을 따르고 있는지 확인하는 것뿐이다. 구체적인 정치 상황에 맞게 변화하는 대표자의 실질적인 행위의 의의와 효과를 판단할 여지는 없다.

대표제론으로 살펴본 일본의 매니페스토 정치는, 긴 시간 동안 백지위임에 가까운 형태로 정치가에게 이익 배분의 사후 조정을 맡겨 왔던 유권자가 권위부여형의 대표민주주의를 확립하려 했던 개혁론이라고 할 수 있다. 이 시도는 유권자가 정치의 세계로부터 백지위임의 형태로 배제되는 상황을 고치려 했다. 그러나 얄궂게도 이번에는 사전에 계약한 조항의 위반을 허락하지 않는 형태로, 선거 기간이 아닌 시기에는 유권자의 실질적인 판단을 불가능하게 만들어 버리는 결과를 초래했던 것이다.

대표 개념의 다양화

이처럼 권위부여이론의 단단함은 일본에 한정된 이야기가 아니다. 역사적인 문맥을 고려하면 수권을 기초로 하는 대표제론은 넓게 냉전 시대의 표준이론이었다고 보는 견해도 있다.[*] 즉 정권교체가 발생하지 않는 공산권의 정치에 대해 선거 제도를 지닌 자유주의 측의 민주 정치를 정당화하는 효과가 있었다는 것이다.

만약 권위부여이론이 20세기 후반 자유주의 사회의 표준이론이었다고 한다면, 현재 일본의 정치개혁론은 반세기 늦게 가까스로 표준이론의 수준에 도달하게 된 것일지도 모른다.

그러나 국제적으로 볼 때 세계화가 진행되고 국내에서 민족문제가 분출하는 냉전 종식 후의 시대에는 권위부여형의 대표제 모델의 현실 설명 능력이 분명히 점점 떨어지고 있다.

권위부여이론은 유권자가 선거를 경유해 정권을 선택하는 형태로 현실화된다. 조금 더 자세히 말하면,

[*] David Plotke, "Representation is Democracy," in *Constellations*, 4 (1), 1997

특정한 나라에 뚜렷한 윤곽을 지닌 유권자 집단이 존재하고 있어서, 그 사람들과 그 나라의 정치가 사이에 일정한 계약을 기초로 선거가 실시되는 방식을 상정한다. 즉 수권 모델에 기반한 대표민주주의를 운영하려면 당사자가 누구인지가 명확해야 한다. 그렇지 않으면 계약 자체가 성립하지 않는다.

그러나 국제화가 진행되면 특정한 정책 쟁점에 대해 이해관계나 관심을 지니는 유권자의 범위를 특정하기 어려워진다. 예를 들어 지구온난화나 환경오염에 관해 특정 국가가 문제의 원천이라도 그 영향은 국외에까지 미친다. 따라서 국내에서의 수권을 상정한 대표민주주의 모델로는 충분히 대응할 수 없다. 테러리즘에 관해서도 마찬가지다. 이들 영역에서 NGO나 NPO, 국제연합과 같은 국제 기관을 포함해 대표민주주의를 채용하는 주권 국가 · 영역 국가 이외의 조직이 활약하는 것은 당연한 일이다.

또한 국내에서도 소수민족 등 마이너리티 집단의 의견을 어떻게 의회에 반영할 것인지, 국가 기관과는 일선을 긋는 시민단체나 시위 등의 활동을 어떻게 받아들일 것인지 등 단순히 선거에 의거한 대표민주주의 운영만으로는 해결하지 못하는 과제가 발생하고 있다.

이러한 상황에서 20세기 말 이후 대표를 더 다면

적으로 이해하려는 시도도 많아졌다. 대표적인 예로 제인 맨스브릿지Jane Mansbridge의 논고를 살펴보자.[*] 맨스브릿지는 실증적인 정치학에서의 연구 성과를 참조하면서 몇 가지 새로운 대표관을 제창했다.

고전적인 의미의 본인-대리인 모델에 기초한 '약속형 대표promissory representation'는 대표자가 유권자에 대해 명시적이거나 암묵적인 약속을 하고, 그에 구속되어 책임을 짐으로써 성립한다. 따라서 시민의 의지인 민의가 직접적으로 반영된다는 장점을 가지고 있다. 이것은 피트킨의 권위부여이론에 가까운 생각이라고 할 수 있다.

이에 비해 투표행동 연구에서의 사후적인 업적투표retrospective voting의 중시와 함께, 최근 유력하게 떠오른 대표관이 있다. 그중 하나가 '예측적 대표anticipatory represention'다.

약속형 대표관에서는 사전에 유권자와의 약속 사항이 정해져 있기 때문에 대표는 선거 시점에서의 유권자의 의사를 대표하게 된다. 반대로 예측적 대표의 관

[*] Jane Mansbridge, "Rethinking Representation," in *The American Political Science Review*, Vol. 97, No. 4, 2003

점에서 유권자는 사후적으로 대표를 평가해서 표를 던지는 것으로 상정되어, 대표자는 임기가 끝날 때의 선거에서 유권자 의사를 대표하게 된다고 여겨진다.

예측적 대표의 사고방식은 피트킨의 책임적 대표관과 유사하다. 따라서 아이디어 자체가 완전히 새로운 것은 분명히 아니다. 그러나 1960년대에 발표된 피트킨의 논의에서는 '대표를 논하는 문헌들 중에서는 중요한 조류가 아니'라고 평가되었던 이 생각이 2000년대에 들어 발표된 맨스브릿지의 논문에서는 대표와 유권자 사이의 커뮤니케이션을 촉진하는 유력한 모델로서 중요하게 다뤄진다. 이 의미는 결코 가볍지 않다.

만약 현대에 유권자의 의지가 안정적이며 선거에서 명확하게 드러난다면, 약속적 대표관 대신에 예측적 대표관을 중시할 이유는 찾기 어려울 것이다. 그러나 유권자는 다양한 쟁점에 대해 서로 다른 입장을 배려하는 복잡한 사고를 요청 받게 되었다. 이에 따라 대표에 대한 생각도 더 유난하고 변화를 받아들이기 쉬운 방향으로 이행할 수밖에 없는 것이다.

피트킨은 유권자가 사후적으로밖에 대표의 행위에 영향을 미칠 수 없다는 경직성을 들어 책임적 대표관을 강하게 비판했다. 그러나 맨스브릿지의 예측적 대표관에서는 임기 중의 대표자가 상황에 대응 가능하다는 유연성이 평가 받는다. 두 논의는 유사해 보이지만, 각각의 착안점은 전혀 다른 것이다.

맨스브릿지는 그 외에도 '팽이형 대표관gyroscopic representation'과 '대리형 대표관surrogate representation'을 현대적인 대표 개념으로 들었으나, 이것도 결국은 현대 정치의 유동성과 불확실성에 대응하기 위한 것이다.

팽이형 대표란 유권자가 대표를 선출할 때 어떤 외적인 동기나 목적이 있어서 그 대표자를 선택하는 것이 아니라 대표자가 목표로부터 흔들리지 않는 것을 중시한다. 예를 들어 어떤 정치가가 이기심에 빠지지 않고 공공의 이익을 목적으로 행동한다고 비춰지는 경우, 구체적인 정책과는 상관 없이 유권자의 지지가 모이는 경우가 있다. 회전하는 팽이가 흔들리지 않는 것처럼, 하나의 축이 되는 태도와 기량을 보임으로써 대표자가 정통성을 획득하는 것이다.

이 모델에서는 약속형 대표관의 경우처럼 대표가 미리 정해진 계약 조항에 속박되지 않는다. 의원이 일정한 자세를 유지하는 이상 의회에서의 토론과 교섭, 타협과 정책 변경의 여지가 인정된다. 즉 유동적이면서 불안정한 현대의 정치 환경에 대응해서 대표가 책임을 지는 방식이 달라지는 것이다. 유권자에 의한 통제는 선거 시에 대표자의 성격을 분명히 파악하기 위한 꼼꼼

한 논의와 검토, 그리고 예측형 대표처럼 사후적 대표에 의한 대표자의 변경 절차에 의해 보장된다.

　　대리형 대표관은 특별히 미국의 사회 상황을 반영하여 전개된 논의다. 현대의 대표민주주의는 영역 국가를 복수 선거구로 분할하는 방식으로 운영되고 있다. 이 점에서는 지역대표관을 취하든 국민대표관을 취하든 대표민주주의의 영역성territoriality은 부정할 수 없다. 그러나 영역에 의한 선거구 구분으로는 적절하게 대표되지 못하는 사람들도 있다.

> 의원 중에서도 여성, 아프리카계 미국인, 폴란드계 사람들, 장애가 있는 사람의 부모들, 농장이나 광산지역이나 노동자계급의 거주지에서 자란 사람들은 종종 이러한 경험에 관련된 정치 문제에 특별히 민감할 뿐 아니라 이들 집단의 이해관계나 사고방식을 대표하는 특별한 책임을 느낀다. 만약 이들 집단의 구성원이 자신의 선거구에서 유권자의 다수를 이루지 못한다고 해도 그렇다 (Mansbridge. p. 523).

　　이 대표관은 피트킨의 묘사적 대표와 겹친다고 이야기할 수도 있다. 묘사적 대표관이 각종 이해관계를 의회의 의석수에 정확히 반영하는 것을 기본 이미지로 삼고, 따라서 비례대표제와 친화성이 높은 것과 마찬가지로 맨스브릿지의 논의에서도 사회의 각 이해관계가 비례적으로 의회에 대표되는 것이 중시된다.

그러나 이것과 동등한 정도로 강조되는 내용이 있다. 선출의 모체가 된 **선거구와 관계가 없는 유권자**의 이해관계를 대표자가 받아들이는 것이다. 현대 정치에서 쟁점은 선거구의 경계선을 넘어 전개된다. 인용문에서 나타나는 소위 "정체성"을 둘러싼 문제가 선거구를 횡단하는 쟁점이라는 것에 주의해야 할 것이다.[*]

대리형 대표관은 일정한 영역에서 비례적으로 민의를 표현하기 위해서라기보다는 영역을 뛰어넘은 민의를 표현하기 위한 것이라고 생각하는 편이 좋다. 맨스브릿지의 논의는 현재로서는 미국 내 쟁점에 한정되어 있지만, 젠더나 민족을 둘러싼 쟁점이 한 국가 내에

---

[*] 야마카게 스스무가 쓴 "아이덴티티"(이노구치 타카시, 『정치학 사전』 수록)의 정의에 따르면, 정체성이란 '사회에 감싸여 있는 개인으로서의 자신이나 집단으로서의 자신들이 타자와는 다른 무언가 고유의 의미를 지니는 존재인지 아닌지를 문제 삼을 때 기초가 되는 개념'이다. 성, 민족을 둘러싸고 전개되는 정체성 정치는 이익집단(기업 등)에 의한 이익정치와는 질적으로 다른 정치로 다뤄지는 경우가 많다.

한정될 이유는 없으며, 더 넓은 범위에 걸쳐 영향력을 지닐 수 있는 시점이기도 하다는 점을 인식해 둘 필요가 있다.

제4절 대표론의 행방

　대표론은 영역 국가에 한정된 선거제 민주주의로 부터 변화하기를 요구 받고 있으며, 오랜 시간 동안 유력한 틀로 기능했던 권위부여이론만으로는 설명할 수 없게 되었다. 그럼에도 일본에서는 고전적인 권위부여형 대표의 재구축이 문제가 되고 있다.

　정치가에 의한 국민 경시의 정치, 국민의 의향에 반하는 정치를 바로잡기 위해서는 사전에 대표에 대한 위임의 범위를 엄격히 설정하고, 대표가 그것을 준수하도록 요구하는 방법이 가장 명확하다. 대표가 위임의 조건을 벗어나면 다음 선거에서 그 대가를 치르도록 하면 되기 때문이다. 1990년대 이후 2대 정당에 의한 정권교체형 정치를 지향한 일본의 정치개혁은 아직까지 정착하지 않았던 권위부여이론형 대표, 약속형 대표를 새로이 확립하려 했던 시도였다.

　그러나 권위부여이론형 대표를 확립하려 했던 바로 그 시기는 국제화가 진전되고 민족분쟁이 다발하여 주권 국가나 자치체의 경계선이 흔들리기 시작한 시대이기도 했다.

권위부여이론형 대표가 성립하기 위해서는 다음 조건이 필요하다. 대표와 약속을 나누는 유권자의 범위가 한정되어 있어야 하며, 또한 적어도 선거와 선거 사이에 민의가 큰 폭으로 변해서는 안 된다. 그러나 환경문제와 테러리즘에 대해서는 누가 당사자인지, 누가 그 쟁점에 관여할 유권자인지 명확하지 않다. 민족문제만 해도 국경을 넘어 민족이 연계하는 경우도 있다. 또한 정보의 유통이 가속화된 현대사회에서 민의가 변하기 쉽다는 점은 우리가 매일 실감하는 부분이기도 하다.

　　여기에 입각해서 볼 때 일본에서 대표제론은 이중의 과제에 직면하고 있다. 즉 약속형 대표제를 뿌리내림과 동시에 그것만으로는 부족한 부분을 어떤 형태로든 보완해 나가야 하는 것이다.

　　피트킨의 분류로 다시 생각해 보면, 우리들은 권위부여형 대표를 확립하면서 유동적인 현대의 정치 상황에 대응한 실질적인 대표관을 추가하지 않으면 안된다. 따라서 유권자는 대표자에게 사전적으로는 물론, 항상적으로 달라 붙어 있을 필요가 있다. 그리고 상황에 따라 하나하나 변화하는 대표자의 판단과 행동을 추체험하고 평가해 나가야만 한다. 현재 일본의 대표제론은 정반대의 방향성을 지닌 두 가지 개혁론을 동시에 만족시킬 것을 요구받고 있는 셈이다.

이 말은 곧, 어떤 한 방향의 개혁이 진전하더라도 그것이 다른 한 방향의 개혁을 막는 이상 대표제에 대한 신뢰는 회복되지 않음을 의미한다. 예를 들어 수상공선제는 매니페스토형 정치와 조합될 경우 권위부여이론형 대표를 실현하는 강력한 무기가 된다. 개인 간의 계약은 다중과의 계약에 비해 혼란을 적게 초래하기 때문이다. 현대 일본에서 정당 당수의 존재가 중시되는 것과 수상 공선제 도입론이 반복해서 부상하는 것 모두 매니페스토형 정치의 시대에 권위부여이론형 대표론을 채용해 정치가의 책임을 명확하게 하자는 의식의 표명이다.

그러나 책임의 명확화를 꾀하는 대표론은 사람들의 다양하고 유동적인 의견을 논의의 장으로 끌어 올리는 기회를 빼앗을 수밖에 없다. 숙의민주주의는 사회 안의 첨예한 대립을 의회와 시민 토의의 장에 퍼 올리려는 것이 목적이었다. 묘사형 대표론이나 대리형 대표론에서는 이처럼 다양한 견해의 반영과 그로부터 발생하는 숙의에 대한 기대가 있었다.

이러한 방향성과 권위부여형 대표론의 방향성은 대립한다. 권위부여형 대표론의 관점에서 보면 묘사형 대표론과 숙의는 정치의 결정력을 저하시키고 각종 이해관계 때문에 발생하는 끝없는 분쟁을 초래한다. 거꾸로 묘사형 대표론의 관점에서 강한 리더십은 소수 의견을 억압해 버리는 것처럼 보인다.

결국 대표제는 두 조류의 비판 때문에 신뢰가 떨어
질 수밖에 없다. 두 비판은 각각이 대표와 유권자의 연
결을 개선하려 함에도 불구하고 상호 대립하며, 그 어느
쪽도 완전하게 대표제의 개혁 방향을 확정지을 수 없다.
대표제 개혁의 필요성이 명확함에도 불구하고, 비판자
들이 상호 비판적인 입장에 서서 개혁을 방해한다. 이것
이 현대 일본의 대표민주주의가 처한 상황이다.

이런 상황에서는 결국 대표제의 기능부전만 눈에
띄게 된다. 게다가 대표제를 필요악으로 보는 "직접민
주주의의 신화"와 합쳐지면 대표제에 대한 신뢰는 한
없이 추락한다. 두 개혁안이 대립하고 정체하는 상황은
말 그대로 수렁에 빠진 것과 마찬가지여서 장기적으로
는 민주정 전체, 더 나아가서는 정치 그 자체에 대한 신
뢰 저하로 이어질 수 있다. 그렇다면 탈출구는 없는 것
일까.

실은 아직 검토되지 않은 길이 있다. 이 길은 아주
단순하지만 '대표제는 정치에서 대체 어떤 역할을 수
행하는가'라는 질문에 연관되어 있다. 지금까지의 대표
론은 어떤 형태든지 민의를 어떻게 반영할 것인지, 민
의를 올바르게 대표하는 방법이란 무엇인지에 대한 논
의에 집중했다. 그때문에 대표 개념의 다층성에 발목을

붙잡혀 앞으로 나아가지 못했던 것이다.

　　그러나 대표제가 민의의 반영이 아니면 정말 의미가 없는 것일까? 애당초 민의의 반영만을 기대한다면 대표 개념의 다층성을 내재한 대표제와 비교해 시민이 직접 통치하는 직접민주제가 당연히 더 나을 수밖에 없다. 즉 민의의 반영이 민주제의 의미라면 사실상 대표제가 정치적으로 거의 무의미하다는 뜻 아닐까? 그러나, 정말로, 대표제는 직접제와 질적으로 구별되는 독자적인 의미가 없을까? 바로 이 점을 다음 장에서 검토해 보겠다.

제4장
대표민주주의의 사상적 기반

　대표란 여러가지 기능을 포함한 복잡한 개념이다. 이 중에는 상호 모순되는 기능도 있다. 그 가운데 어떤 기능을 중시할 것인지, 서로 다른 기능이 어떻게 조합되는지에 따라 대표제에 대한 기대도 달라진다.

　따라서 대표제가 위기에 처했다손 치더라도 그것이 현대사회에 적합하지 않은 기능이 있기 때문에 초래되었을 가능성도 있다. 이 경우 일부가 적절하게 기능하지 않는다고 해서 다른 기능이 모두 부적합하다고 할 수는 없다. 대표제가 역할을 다하는 측면이 아직 남아 있다.

　제대로 기능하지 않는 부분, 예를 들어 민의를 반영하지 않는다는 이유로 대표제 이후로의 이행을 논한다면 대표제의 공헌을 과소평가하는 것이다. 대표제의 위기를 논하려면 대표제의 기능 전체를 살펴야 한다.

한편 우리는 일반론으로서 대표민주주의의 전체상을 어떻게 이해하고 있는가? 이 장에서는 먼저 독일의 공법학자·정치학자로 20세기 전반에 중요한 저작을 다수 발표했으며, 나치에도 관여했던 카를 슈미트의 의회제론을 단서로 현대 대표제의 이미지를 정리해 두고자 한다. 왜냐하면 슈미트의 의회제론은 자유민주주의 체제를 부정적으로 파악함에도 불구하고 대표제의 이미지라는 점에 관해서는 우리들의 통념에 매우 가깝게 여겨지기 때문이다. 의회제에 대한 슈미트의 부정적 평가를 긍정적 평가로 역전시킬 수만 있다면 우리들이 일반적으로 떠올리는 대표제 옹호론이 나타난다고 해도 좋을 것이다.

제1절 슈미트의 의회제론

의회제의 본질

카를 슈미트는 『현대 의회주의의 정신사적 상황』 (나종석 옮김, 도서출판 길, 2012)[28]에서 19세기 이후 민주주의의 진전을 배경으로 의회주의와 민주주의를 원리적으로 구별해야 한다고 주장했다. 이에 따르면 군주제를 부정한 민주주의는 자유주의와 사회주의 등 다양한 정치 개념과 결부됨으로써 내용적으로는 오히려 공허한 것이 되어 버렸다. 민주주의는 자유주의와 결합해 사람들의 자유를 옹호하는 한편, 마르크스가 『루이 보나파르트의 브뤼메르 18일』에서 그려낸 것처럼 인민투표에 의한 제정을 탄생시키는 경우도 있고, 더 나아가서는 사회주의와 결합하는 것도 가능하다.

그렇다면 이처럼 부수적인 사상을 걷어낸 후 민주주의에 남는 근원적인 요소가 있다면 그것은 무엇일까? 슈미트에 따르면 민주주의의 본질은 '내려진 모든 결정이 단지 결정권자 본인에게만 효력을 지닌다(p. 35)'는 점에 있다. 바꿔 말하면 인민주권·국민주권이야말로 민주주의의 내용이라는 뜻이다. 결정의 영향을 받는 자가 결정하는 자와 동일해야만 한다는 동일성의 원리가 민주주의를 다른 사상과 구별하는 지표인 것이다.

민주주의의 본질이 동일성의 원리라면, 의회주의의 본질은 무엇일까? 먼저 슈미트는 의회주의의 편의적인 정당화부터 검토를 시작한다. 편의적인 정당화란 이전까지 가능했던 전원참여형 민주주의가 실용적인 이유로 불가능해졌기 때문에 신뢰 받는 사람들로 이루어진 의회를 만들었다는 설명이다. 서장에서 논한 규모 확대를 배경으로 한 의회제의 정당화론도 편의적 정당화의 한 예다.

그러나 실용적인 이유에서 누군가가 인민의 대리를 수행한다면, 의회가 아니라 단 한 사람의 인물로 민주주의를 실현시켜도 상관없다.* 따라서 민주주의의 역

---

* 자유민주주의 아래서 살아가는 우리들의 일반적인 감각과는 다르게, 인민의 의지의 동일성을 실현할 수 있는 것은 의회를 지닌 대표민주주의에 한정되지 않는다. 오히려 의회에서의 논쟁이 격화되어 통합이 어려워지거나 파벌 싸움이 생겨나는 것은 우리에게도 익숙한 풍경이다. 반대로 독재가 민주주의의 결정적인 대립물이 아니며 양자가 결합하는 경우도 있다는 것이 슈미트의 생각이

사적 변화에서 의회제의 본질을 도출하는 것은 불가능하다.

슈미트 자신이 생각한 의회주의의 본질은 공개토론이다. 의회란 다양한 의견이 표명되고 논의가 격렬히 오가는 장소인 것이다. 더 중요한 점은 그 토론에서 절대적인 진리가 나오지는 않는다는 것이다. 의회주의에 의한 해결은 어디까지나 상대적인 것에 머문다.

> 자유주의는 정합적이고 포괄적인 형이상학적 체계라고 봐야 한다. [자유주의라고 하면 일반적으로는] 사적인 각 개인의 자유로운 경제적 경쟁에서, 즉 계약의 자유와 상업의 자유, 영업의 자유에서 이익의 사회적 조화와 가능한 최대의 부가 스스로 발생하면서 성립하는 경제적인 논리만을 떠

다. 독재 정치 아래에서 인민의 의지의 동일화가 실현되는 한 독재는 민주주의의 범주에 들어온다. 포퓰리스트라고 불리는 정치가에 대해 여론의 지지라는 긍정적인 문맥에서의 논의를 전제적이라는 부정적인 문맥에서의 논의가 상반되는 것은 민주주의와 독재 사이의 근접관계가 생기는 현상이라고 해도 좋을 것이다. '근대 의회주의라 불리는 것 없이도 민주주의는 존재할 수 있으며, 의회주의는 민주주 없이도 존재할 수 있다. 그리고 독재는 민주주의에 대한 결정적인 대립물이 아니며, 또한 민주주의는 독재에 대한 대립물이지도 않다(p. 44)'고 논하는 슈미트에게 (의회제로서의) 대표제는 민주주의의 본질적인 요소가 아니다.

올리는 것이 보통이다. 그러나 이것들은 모두 일
반적인 자유주의적 원리를 적용한 예 중 하나에
불과하다. 경쟁에서 자연스럽게 조화가 발생하는
것도, 의견들 사이의 자유로운 투쟁에서 진리가
발생하는 것도 마찬가지다. 실제로 여기에 이 사
상 일반의 정신적인 핵심과 이 사상이 진리와 특
수하게 맺고 있는 관계성이 펼쳐져 있다. 진리가
영구적인 의견 투쟁의 단순한 함수가 되고 마는
것이다. 이것은 진리에 대한 결정적인 귀결에 도
달하기를 단념한다는 뜻이다(p. 48).

민주주의가 동일성을 기초로 하는 것에 비해, 자
유주의의 권역에 들어가는 의회주의에서는 이해관계의
다원성과 의견의 상대성이 중시된다. 즉 의회주의는 민
주주의 내부에서 일체성의 원리를 실현하기 위해 태어
난 편의적이며 비본질적인 수단이 아니라, 오히려 민주
주의와 대립하는 원리를 지닌 별개의 사상체계로서 파
악되는 것이다.

제2차 세계대전 후 20세기 후반은 자유주의 세계
에서 대표민주주의가 민주주의의 결정적인 모델인 시
대였다. 의회가 자유민주주의 체제 내부에 포함되는 것
은 당연하게 여겨졌다. 따라서 이같은 20세기 후반형

대표제에 익숙한 시점에서 보면 자유주의와 민주주의로 분극화된 의회제론은 기괴하게 보이기도 한다. 의회는 인민의 의지를 대표하는 민주적인 제도라고 말할 때 더 잘 납득하는 사람도 적지 않을 것이다.

그러나 대표민주주의를 자유주의와 민주주의의 합성물로 보는 관점은 정치학의 영역에서는 통설이라 봐도 좋다. 일반적으로는 중세 신분제 의회 이래 국왕의 권력을 제한하는 자유주의적인 기관이었던 의회는 선거권 확대와 부통선거제 실현과 함께 민주적 성격을 획득함으로써 폴리스에서 실현되었던 전 시민참여 민회를 사실상 대체하는 방식으로 변질되어 왔다고 해설된다. 따라서 의회는 인민의 의지를 대표하는 기관임과 동시에, 권력 억제 기관이라는 자유주의적 태생에서 계승한 특징을 함께 지니고 있는 것이다.

실제로 슈미트는 이같은 이해에 따라 자유주의적 의회의 권력을 억제하는 특성에 주목했다. 그중 하나가 공개성에 대한 요구다. 절대주의하에서의 비밀주의적인 정치와 달리 자유주의에서는 언론과 출판의 자유와 집회의 자유가 확립되어, 밀실에서 이루어지는 자의적인 정치에 대한 방파제 역할을 한다. 현대 일본 정치에서 나쁜 평판만 듣게 된 의원특권[*] 역시 본래는 권력자에게 자유롭게 의견을 표명하기 위해 고안되었던 것이다.

권력의 분립과 균형도 자유주의적 의회의 특성이다. 의회는 공개토론을 통해 합리적인 결론을 도출하지만, 그 합리성이 의회의 전능을 의미하지는 않는다. 아무리 합리적인 결론이라 해도 상대적이라는 점을 알아두어야 한다. 슈미트에 따르면 '권력의 분립에서 의회가 입법부로서의 역할을 수행하며, 게다가 거기에 머무른다는 것은 균형화 사상의 근저를 이루는 합리주의 자체를 상대적인 것으로 만들고, 바로 다음에 나타내듯이 이 체계를 계몽시대의 절대적인 합리주의와 구별하는 결과가 된다(p. 53).'

게다가 권력의 분립과 균형이 의회주의의 근본인 이상 의회가 단지 행정권이나 사법권과의 관계에서 균형 상태에 놓인 것만으로 좋다고 할 수는 없다. 의회 자체도 균형 상태를 형성하기 위한 방향성을 띠고 있다.

---

[*] 한 예로 헌법 제50조의 불체포특권이 있다. '불체포특권이란 원외의 현행범을 제외하고 국회 회기 중 및 참의원 긴급집회 중에 의원은 체포되지 않으며, 또한 회기 전 체포된 의원은 의회가 석방을 요구하면 회기중 석방되는 것을 말한다.' 이마무라 히로시今村浩, "의원특권",『최신판 현대 일본정치 소사전現代日本政治小事典』(ブレーン出版, 2001)에서 발췌.

이원제 등의 제도적 고안도 마찬가지지만 각 원의 내부에서도 다양한 견해와 정책이 표명되고 서로 길항해야 한다.

다른 의견의 존재를 바른 결론에 도달할 때까지의 과도기적 상태로 보아서는 안 된다. 반대파는 극복해야만 하는 장해물이 아니라 '의회 및 각 원의 본질'에 속하는 것이다. 반대파가 없는 안정적인 의회는 의회라고 부를 수 없다.

그러나 슈미트는 이같은 의회의 본질이 대중민주주의의 진보로 인해 타격을 입었다고 생각한다. 정당은 경제적인 이익단체의 대표로 바뀌고, 결정은 소수의 위원회 수준에서 이루어지는 상황이 됐다. 유권자도 정치선전으로 조작되는 경향이 크다.

의회제가 본래 전제로 하는 공개토론은 단순히 교섭과 타협만을 뜻하지 않는다. 서로 다른 견해가 부딪히는 상태가 유지되지 않으면 의회의 본질은 상실된다. 의회주의에서 토론이란 '상대에게 설득될 수 있다는 마음가짐을 가질 것, 당파적 구속으로부터 독립될 것, 이기적인 이해에 속박되지 않을 것'을 전제 조건으로 한 본격적인 '의견의 투쟁'이다(p. 9). 대표론의 언어로 말한다면 위원대표형이 아닌 국민대표형 의원에 의한 토론이 의회제의 본질이다. 반대로 의원이 압력단체의 대변자가 되어 자기 파벌의 이익 실현을 고집한다면 의회에서의 본격적인 논쟁은 기대할 수 없다.

그러나 당시 독일 의회에서는 그야말로 의회주의가 쇠퇴하는 상태였다. "당파의 지배, 사안에 들어맞지 않는 개인적인 정책을 피는 '아마추어 정치', 끝없는 정권의 위기, 의회 연설의 무목적성과 천박함, 의회 내 법도와 양식 수준 저하, 의사 방해를 통한 의회 해산, 의회주의 자체를 모욕하는 급진적인 반대파에 의한 의원의 제 특권Immunitäten und Privilegien 남용, 의회의 권위를 손상하는 일당의 사용, 부정한 의장 점거(pp. 28-29)" 등이 만연했던 것이다.

대중민주주의의 한가운데에서 의회제는 본질을 잃어버리고 단지 타성으로 유지될 뿐이었다. 바로 이 때문에 의회주의의 위기에 호응해 민주주의 사상의 맥락에서 나치즘처럼 인민의 의지의 동일성을 강조하는 조류가 호출된 것이다.

인민의 의지는 반세기 이래 극히 면밀히 만들어진 통계적인 장치에 의하기 보다는 갈채acclamatio에 의해, 즉 반론의 여지를 불허하는 자명한 **것**에 따르는 편이 오히려 더욱더 민주주의적으로 표명될 수 있다. 민주주의적 감정의 힘이 강할수록 민주주의는 비밀투표의 계산 조직과는 다르다는 인식은 점점 더 강화되는 것이다. 기술적인 의미뿐 아니라 본질적인 의미에서도 **직접적**인 민주주의 앞에서는 자유주의적인 사상의 맥락에서 발생한 의회는 인공적인 기계로서 나타나는 데 반해 독재 혹은 시저주의Caesar主義적인 방법은 인민의 갈채로 지지받을 뿐 아니라 민주주의적인 실질과 힘의 직접적 표현으로 존재할 수 있다(p. 25).

이처럼 의회주의가 적절하게 기능하지 못하고 원래 이루어져야 마땅한 '의견의 투쟁'이 실현되지 못하는 상황에서는 갈채형 민주주의에 의한 동일성의 실현이 기대를 받게 된다. 의회제의 기능부전이 진행되면서 슈미트는 더 직접적인 민주주의의 갈채를 상상하게 되었던 것이다.

자유주의적이지 않은 대표제의 이해

슈미트의 민주주의론, 갈채에 의한 독재론은 우리의 역사적 경험에 입각해서 볼 때 도저히 받아들일 수 있는 것이 아니다. 갈채에 의해 소수 의견의 존재를 무시한 허위의 동일성이 민주주의에 도입되는 것이 뻔하기 때문이다.

그러나 일체성을 실현하는 민주제와 다양한 의견이 경합하는 장으로서의 의회주의를 대비하는 구도 자체는 현대의 자유민주주의에서도 답습되는 사고방식이다. 슈미트의 시대에 '극도로 타락했다'고 여겨졌던 의회제는 역설적으로 그 이후의 자유주의 사회에서 슈미트의 이해 방식에 따르는 방향으로 평판을 회복한다.

20세기 후반의 정치는 각종 단체가 의회를 통해 사회 내의 이해관계를 정치 과정에 주입해 나가는 경쟁형 모델을 채용하고 있었다. 일본의 경우도 마찬가지여서, 지금은 55년 체제가 이권 정치의 대명사로 악명 높지만, 다른 한편으로는 그 시기 때문에 일본이 고도성장이라는 열매를 얻었음을 부인할 수 없다.

각종 단체의 활발한 경쟁은 슈미트가 기대했던 '공개토론'을 대체하는 것으로 볼 수 있다. 경쟁을 통해 불투명한 거래나 타협의 악영향이 배제되고, 사회적인 권력의 분립과 균형이 실현된다. 의회제의 현대적인 업그레이드 버전이라고 말해도 좋다. 20세기 후반의 의회민주주의론은 슈미트의 이분법을 유지하면서 민주주의와 의회주의의 평가를 역전시켜 의회제론의 틀 안에서 민주주의를 실현한 것이다.

그러나 슈미트 모델에 의거한 시각으로만 문제를 고찰하는 것은 충분하지 않아 보인다. 이러한 관점은 의회민주주의와 대표민주주의를 동일시하고, 양자를 통합해 자유주의적인 사상과 제도로 제시함으로써 역으로 민주주의의 본질을 직접민주주의와 동일시하는 효과를 지니기 때문이다. 즉 토론이나 권력 분립은 본래의 민주주의를 제한하기 위해 나중에 부가된 자유주의적인 요소이며, 그것을 없앤 민주주의의 골자는 직접제라는 이해다.

이렇게 이해하는 것이 왜 문제일까? 이는 민주주의를 직접민주주의와 동일시함과 동시에 직접민주주의를 인민의 일체성과 동일성에 덧씌워 버리기 때문에 민주주의 자체에 본래 담겨 있을 의견의 다양성이 경시될 수 있기 때문이다.

슈미트가 다양성과 토론을 자유주의적인 의회제가 지니는 문제의 영역으로 밀어 넣고 민주주의와 독재를 무차별적으로 결합시키는 데 이르렀던 일을 떠올려 보자. 자유주의적인 의회제와 민주주의의 구별이라는 논리 구조 자체가 이러한 결론을 만들어내는 것이다.

슈미트 역시 단순히 직접민주제의 채용만으로 인민의 의지가 출현하지 않음을 알고 있었다. 다음 인용을 보자.

법률적으로나 정치적으로나 사회적으로나 현실
에 동등한 무엇이 문제인 것이 아니라, 동일화가
문제인 것이다. 선거권 확장, 임기 단축, 인민투표
제 도입과 확대, 간단히 말하자면 직접민주주의의
경향 혹은 제도라고 여겨지는 모든 것과 앞서 본
것과 같이 끝까지 동일성의 사상으로 지배되는
것은 분명히 일관적으로 민주주의적이기는 하지
만 어떠한 순간에도 현존하는 현실에서in realitate
praesente 절대적이고 직접적인 동일성을 결코 실
현할 수 없다. 현실의 동등성과 동일화의 결과 사
이에는 항상 간극이 있다. 수백만 명이 찬반 투표
로 결정하거나, 한 명이 투표를 거치지 않고 국민
의 의지를 나타내거나 혹은 인민의 모종의 방법
으로 '갈채'하여 그 의지를 나타내거나 인민의 의
지는 물론 항상 인민의 의지와 동일하다. 즉 문
제는 이 의지가 어떻게 **형성**gebildet**되는가**에 있다
(pp. 37-38).

슈미트도 인민의 의지는 모종의 수단에 의해 '형
성되어'야만 한다고 했다. 갈채와 대표제 모두 그 기법
중 하나다.

대표제는 의회의 역사와 결부되는 이상 분명히 자

유주의와 한몸이다. 그러나 인민의 의지가 독립적으로 존재할 수 없는 이상 민주주의와도 분리할 수 없다. 자유주의와 민주주의 양쪽에 걸쳐 기능하는 것이 대표제의 특징이며, 슈미트의 이분법으로는 그 작용을 모두 그려낼 수 없다.

따라서 슈미트처럼 의회제가 위기에 빠졌다고 판단한다 해도, 직접민주주의로 이행하는 것만으로는 위기에서 벗어나는 것이 가능하지 않다. 대표제의 위기란 민주제의 주체인 인민의 다양성을 토론의 형태로는 적절히 다룰 수 없음을 의미한다. 그렇다면 토론이 아닌 무엇을 통해 인민의 다양성에 대응할 수 있을까? 이 점에 관해서는 직접제나 대표제나 같은 과제에 직면할 수밖에 없다.

의회제와 대표제를 자유주의에 기초해 일괄적으로 이해하려는 통설적인 사고방식은 논리적으로 도출되었다기보다는 20세기 후반에 자유민주주의가 높은 신뢰를 얻어 왔다는 정치적 현실에서 유래한 것이다. 그러나 의회제에 대한 불신이 깊어져 자유주의의 지위가 낮아지고 민주주의적인 요소가 강하게 필요해질 때 의회제와 대표제를 동일시하면 큰 문제가 생긴다.

공개성과 토론에 의한 권력억제기능이 경시될 위험만 나타나는 것이 아니다. 무엇보다도 심각한 문제는 의회라는 장치를 잃어버린 민주제에서 통합된 인민의 의지를 어떻게 형성해 나갈 것인지, 이때까지 대표제가 떠맡았던 과제에 대해 검토할 필요가 없다는 착각이 발생할 수 있다는 점이다.

직접민주주의의 경우에도 실제로는 인민의 의지를 형성하는 방법과 그 역할을 하는 장치를 고안해야 한다. 즉 어떤 민주제도 대표민주주의를 괴롭히는 그 문제를 그냥 지나쳐 갈 수 없다.

이 논점이 앞장에서 다룬 대표 개념의 이중성과 관련이 있다는 점을 염두에 두자. 일본에서 나온 의회 개혁론도 마찬가지인데, 의회제 비판은 정치가와 시민의 대립이라는 맥락으로 종종 자리매김한다. 바꿔 말하면, 슈미트가 의회의 부패를 보고 민주주의에 기대를 걸었던 것처럼 인민의 의지, 시민의 의견을 왜곡하지 않고 정치에 반영하기 위해 의회제를 우회하는 방법을 찾을 수 있다면 문제가 해결된다고 보는 것이다.

그러나 실제로는 대표인 정치가가 시민의 의견과 이해관계를 그대로 직접 정치에 반영하지는 않는다. 정치가는 시민의 의견과 이해관계를 어떻게 정치에 반영할지 창의적인 방법을 찾기 위해 머리를 짜내고, 때때로는 민의에 반하는 행동을 하기도 한다.

이는 시민이 직접 정치활동을 수행할 때에도 직면

하는 문제다. 가까운 동료 사이라면 생각의 차이가 그다지 크지 않겠지만, 시민 전체에서는 다양성이 팽창한다. 정치가의 권익을 배제하는 것만으로 "민의"가 통합될 리 없다. 결국 시민도 민의를 어떻게 대표할 것인가라는 대표의 이중성 문제를 피할 수 없다.

이 문제를 정확하게 직시하려 할 때 슈미트의 이분법처럼 의회제를 자유주의와만 결부시켜서는 안 된다. 의회제를 민주주의의 범주로 이해할 때에야 비로소 시민 사이의 분단이라는 문제의 소재를 심도 있게 연구할 수 있는 것이다.

제2절
슘페터의 "엘리트주의적 민주주의론"

현대의 대표제 비판은 슈미트가 말하는 자유주의와 민주주의 구별을 답습함으로써 직접민주주의에 대한 강한 지향을 지니게 되었다. 슘페터의 민주주의론에 대한 격렬한 비판은 이러한 특징을 현저하게 드러낸다.

'고전적 민주주의학설'과 대비되는 현대의 민주주의 모델을 제시한 조지프 슘페터Joseph Schumpeter는 선거와 정치가에 중점을 둔 "엘리트주의적 민주주의론"의 대표자로 인정받았으며, 슘페터의 이론이야말로 20세기 후반의 민주주의론의 통설이었다. 따라서 슘페터형 민주주의에 대한 비판은 곧 대표제 비판의 중심에 위치한다고 볼 수 있다.

슘페터는 1883년에 태어난 오스트리아의 경제학자로, 케인즈와 같은 세대에 속한다. 복지국가의 기초를 이루는 케인즈주의 이론에 대항해, 자본주의에서 혁신의 역할을 중시한 동태적인 경제이론을 제창했다. 그러나 정치이론 자체에 대한 언급은 많이 하지 않았다.

슘페터형 민주주의론으로 불리는 것은 1942년에

출판된 대작 『자본주의, 사회주의, 민주주의』(변상진 옮김, 한길사, 2011)[29]의 제4부에서 볼 수 있다. 여기에서는 고전적인 민주주의학설과 대비되는 형태로 현대판 민주주의의 정의가 제시되어 있다. 중요한 부분을 인용해 보겠다.

고전적 학설에 관해 우리들의 주요한 난점이 다음 명제에 모여 있었다는 것은 지금도 기억이 새로울 것이다. 즉, '인민'은 모든 개별적 문제에 대해 명확하고 합리적인 의견을 가지고, 더 나아가―민주주의에 있어서는―그 의견의 실현에 힘쓰는 '대표'를 선출함으로써 자신의 의견을 실행에 옮기고자 한다는 것이다. 그래서 이 설에 따르면 민주주의적 장치의 일차적인 목적은 선거민에게 정치 문제의 결정권을 귀속시키는 것이며, 이에 비해 대표 선출은 이차적인 것이다. 그런데 이 두 가지 요소의 역할을 반대로 생각해서, 결정을 수행해야 하는 사람들의 선거를 일차적으로 보고 선거민의 문제 결정을 이차적인 것이 되도록 해 보자. 약간 바꿔 말하면, 여기에서 우리는 인민의 역할이 정부를 만드는 것 내지는 새롭게 국민적 행정집행부나 정부를 만들어내기 위한 중간체를 만드는 데 있다는 견지에 서게 된다. 그래서 민주주의적 방법이란 정치적인 결정에 이르기 위해 개개인이 인민의 투표를 획득하기 위한 경쟁적 투쟁을 수행함으로써 결정력을 얻는 제도적 장치라고 정의할 수 있다(pp. 429-430).

민주주의가 인민의 자기 결정을 의미한다면, '선거민에 의한 문제의 결정을 이차적'이라고 보는 슘페터의 입장은 민주주의의 전도顚倒에 불과하다. 선거라는 제도상의 특징에도 불구하고 이 이론이 "엘리트주의적 민주주의론"이라 불리는 이유다.

슘페터가 이것과 대비한 고전적 학설은 '민주주의적 방법이란, 정치적 결정에 도달하기 위한 하나의 제도적 장치로 인민의 의지를 구현하기 위해 모여야 할 대표자를 선출함으로써 **인민 스스로 문제에 대해 결정하고**, 그에 의해 공익을 실현하려는 것(p. 399)'이라고 정의되어 있으므로, 강조점이 이동되었음은 분명하다. 양측 모두 대표제의 틀 내에서 이루어진 정의로, 그런 의미에서는 고전적 학설도 직접민주주의를 가리키는 것은 아니다. 그러나 대표를 통해 인민 자신이 결정을 내린다는 입장과, 대표가 문제 결정의 주역이라는 입장 사이에 깊은 골이 존재함은 분명하다.

그렇다면 슘페터는 왜 고전적인 학설을 피했을까. 그 뿌리에는 공익 개념에 대한 불신이 있다.

인민이 결정의 주역이기 위해서는 "공익", "공통의 이익", "공공의 복지" 등 인민에게 공유된 공통의 의지가 있어야 한다. 그러나 실제로는 한마디로 정의 가능한 공익은 존재하지 않는다. 그것은 인민이 사익을 쫓는다는 우민관에서 비롯한 것이 아니라, '공익스러운 것의 내용이 개개인과 집단 사이에서 각각 다를 수밖에 없다는 더 기본적인 사실(p. 401)'에 기초한 견해다.

또한 공익을 정의할 수 있다고 해도 개개의 문제에 대한 해결방법에 관해 구체적인 수순이 제시되지는 않는다. 따라서 최종적으로 '인민의 의지 내지 **일반의지** volonté générale라는 특수한 개념은 안개처럼 공중에 흩어져 버린다. 이는 이 개념이 만인에게 식별될 수 있는 일의적으로 규정된 공익의 존재를 전제 조건으로 삼기 때문(p. 403)'이다.

슘페터의 주장이 부분적으로 대중의 합리성에 대한 의심에서 나왔음은 부정할 수 없다. 그의 책에서 고전적 학설에 관해 논한 장이 있는데 그중 제3절은 "정치에서의 인간성Human Nature in Politics"이라는 제목을 달고 있다. 이는 인간이 정치에서 발휘하는 합리성에는 한계가 있다고 해석한 그레이엄 왈라스Graham Wallas*의 저서명에서 따온 것이다. 슘페터도 왈라스와 마찬가지로 사람들이 군집심리에 좌우되기 쉽다는 점, 경제학에서의 소비자의 비합리성과 마찬가지로 정치에서도 시민의 책임감과 지식과 판단력에는 한계가 있다는 점, 따라서 인민의 의지란 정치가와 이익집단에 의한 '만들어진 의지(p. 420)'일 가능성이 높다는 점 등을 지적한다.

대중이 지닌 정치적 능력의 한계가 논의의 기초가 되었다는 점에서는 슘페터의 민주주의론이 엘리트주의적이라고 비판할 수 있다. 그러나 엘리트주의적인 요소만으로 슘페터의 논의를 다 설명할 수 있는 것은 아니다. 슘페터의 민주주의론을 이해하려면 그것이『자본주의, 사회주의, 민주주의』의 전체 논의 속에서 어떤 위치를 차지하는지를 생각해 보는 것이 중요하다.

1942년 출판된 점과 저서명에서 알 수 있듯, 이 책은 사회주의가 큰 영향력을 지녔던 시대에 앞으로의 정치의 행방을 예상하면서 집필되었다. 이 책에서 슘페터는 자본주의가 스스로 발전의 결과로서 해체하고 사

---

* 19세기 말부터 20세기 초에 걸쳐 활약한 영국의 정치학자 겸 사회학자.『정치에서의 인간성』은 현대의 과학적 정치학에서 선구적인 저서다.

회주의적인 사회 형태가 출현할 것이라는 전망을 제시한다. 그리고 제2차 세계대전 후 찾아올 사회주의제의 현실화를 눈여겨보고, 그것이 경제적으로도 성공할 가능성이 있다고 결론짓는다.

제4부의 민주주의론은 이처럼 자본주의에서 사회주의가 탄생한다는 것과 사회주의경제의 실현 가능성에 입각해서 사회주의 체제 속에서도 민주적인 정치 운동이 가능한지를 검토한다.

이 문제에 대해 슘페터는 앞의 정의에서도 언급했듯 민주주의란 정치적 결정에 도달하기 위한 방법이자 제도적 장치임에 틀림없으며, 이러한 장치는 사회주의에서도 채택될 수 있다고 답한다.

슘페터는 사회주의를 '생산 수단에 대한 지배, 또는 생산 자체에 대한 지배가 중앙 당국에 위임되어 있는—혹은 이렇게도 말할 수 있는데, 사회의 경제적인 사정이 원리상 사적 영역이 아니라 공공적 영역에 속한다—제도적 유형'이라고 정의한다. 다만, '중앙당국—혹은 '중앙국' 내지 '생산성' 같은—필연적으로 절대적인 권력을 지니거나 집행에 관한 일체의 주도력이 모두 거기에서 발생한다는 의미로 중앙집권제를 가리키는 것은 결코 아니'라고도 말한다. '중앙국 내지 생산성은 자신의 계획을 의회 내지 국회에 제출해야 한다'고 되어 있으며, '개개의 생산이나 공장 관리자 같이 현업에 종사하는 사람에게는 거의 대부분의 자유가 부여된다'고도 기술되어 있다(pp. 262-263).

따라서 사회주의와 민주주의의 양립은 불가능하지 않다. 민주주의적 수단은 부르주아 세계에서 유래되기는 했지만, 자본주의가 소멸한다 해도 '총선거, 정당, 의회, 내각, 수상 등은 사회주의 질서가 정치적 결정을 위해 보류해야 할 의제를 처리할 때에도 아마도 가장 편리한 수단이라는 점이 밝혀질 것'이라 결론지었다(pp. 479-480).

여기에서 슘페터가 우려하는 것은 중앙집권적인 통제경제와 중앙집권적인 정치체제가 결합됨으로써 자유가 없는 사회가 출현할 가능성이다. 여기에 대해 인민의 의지를 중시하는 것이 민주주의라는 반론은 효과가 없다. 왜냐하면 인민의 의지를 구현한다고 주장한 것은 중앙집권적인 방향성을 지닌 사회주의론 쪽이었기 때문이다.

투표 획득을 위해서 경쟁한다는 아이디어는 이 집권적 경향에 대항책으로서 나온 것이다. 따라서 냉전기를 맞이하던 당시의 시대적 맥락에서는 엘리트주의적이라 불리는 슘페터 이론이야말로 사회주의가 만들어내는 엘리트주의에 대한 방파제 역할을 했다고 볼 수 있다. 아래의 말은 슘페터의 그러한 관심을 나타낸다.

> 우리는 민주주의적 방법이 같은 환경의 토대에서
> 다른 정치적 방법이 허용할 수 있는 것보다 더 많
> 은 개인의 자유를 반드시 보장한다고는 말할 수
> 없음을 알고 있다. 오히려 반대의 경우가 있을 수
> 도 있다. 그렇지만 둘 사이에는 역시 관련이 있
> 다. 적어도 원리적으로는 각 개인이 스스로 선거
> 민 앞에 자진해서 나가는 것을 통해 정치적 주도
> 력을 획득하는 경쟁에 참여하는 자유를 가진다면,
> 이것은 비록 모든 경우에 대해서는 아닐지라도 **대
> 부분의 경우에 대해** 상당한 토론의 자유가 있음을
> 의미한다고 말할 수 있다(pp. 433-434).

이처럼 슘페터의 주장에서 "인민의 의지"와 "일반
의지"가 지닌 비합리적이며 모호한 성격이 강조된 이유
는 인민의 의지를 체현한다고 말하는 사회주의에 대항
할 필요가 있었기 때문이다. 따라서 인민의 의지의 비
합리성을 폭로한다고 해서 그 이면에 합리적인 인민의
의지나 올바른 인민의 의지가 존재함을 전제로 하는 것
은 아니다. 또한 뛰어난 엘리트라면 진정한 인민의 의
지를 체현할 수 있다고 주장하는 것도 아니다. 인민의

의지가 단지 그 자체로만은 존재하지 않는다는 것이 슘페터의 입장이다.

다수의 의지와 인민을 둘러싼 다음 주장도 마찬가지 관점에서 이해할 수 있다.

> 무릇 고전적 민주주의학설을 받아들이고, 그로 인해 민주주의적 방법은 인민의 의지에 따라서 문제를 결정하고 정책의 형성을 보증해야 마땅하다고 믿는 사람들은 모두 다음 사실에 직면할 수밖에 없다. 예를 들어 의지가 틀림없이 진실하면서 명확한 것이라 해도, 단순한 다수결을 통한 결정이 많은 경우에 인민의 의지를 유효하게 하기보다는 오히려 그것을 왜곡할 것이라는 점이다. 대다수의 의지는 어디까지나 대다수의 의지일 뿐, '인민'의 의지가 아니라는 점은 명백하다. 인민의 의지는 대다수의 의지를 통해서는 도저히 '대표'될 수 없는 나무블록 쌓기 같은 것이다. 정의를 통해 둘을 동일시하는 것은 결코 문제를 해결하는 방도가 아니다(pp. 434-435).

비판의 대상이 된 고전적 학설이 다수결주의와 동일시되는 점에 대한 슘페터의 문제의식을 볼 수 있다.

이것은 슘페터가 "인민의 의지"에서 의견의 차이나 다양성을 주목해 보았음을 의미한다. 인민의 통일된 의지야말로 오히려 이데올로기나 이익집단에 좌우될 위험성을 지닌다. 그렇기 때문에 사회주의의 융성을 앞에 두고 인민의 합리성에 대한 의심을 표명한 것이다.

인민의 의지는 미리 상정 가능한 것이 아니다. 어떤 견해가 인민의 의지인지는 개별적이고 구체적으로 검토해야 하는 대상일 수밖에 없다. 최종적으로 인민의 의지가 표명될 가능성이 없지는 않지만, 안이하게 그에 기대는 것은 위험을 동반한다. 인민의 의지가 정말로 인민의 의지인지는 '무턱댄 긍정이나 부정으로 결론지어서는 안되는 것이다. 서로 다투는 여러 증거의 미로를 차근차근 감정평가함으로써만 대답할 수 있는(p. 405)' 문제다.

따라서 슘페터에게 대표란 단지 의회가 인민의 의지를 반영함을 뜻하지 않는다. 인민의 의지는 통일된 인격이 아니며, 의회가 통일체로서 무언가를 대표할 수도 없다.

> 말 뜻을 조금 쉽게 나타내자면, 위양이나 대표 같
> 은 말을 개별 시민에 결부해 사용하는 것이 아니
> 라―중세의 장원에 관한 교의라면 그리해야 할지

도 모르지만—전체로서의 인민에 결부해서 사용해야 한다. 그렇다면 전체로서의 인민 자체는 예를 들어 그를 대표할 터인 의회에 그 권력을 위양하는 것이라는 식으로 표현되어야 할 것이다. 그러나 법률적으로는 인민의 위탁을 받아 인민을 대표할 수 있는 것은 단지 한(육체적으로도 도덕적으로도) 개인이다. 필라델피아에서 1774년부터 개최된 식민지 연합의회—이른바 '혁명의회'—에 대표 위원을 보낸 미국의 각 식민지 및 각 주는 실제로 이들 대표위원이 대표했다. 그러나 인민 전체로서는 아무런 법적 인격도 지니지 않으므로, 각 식민지 및 각 주의 인민에 관해서는 의회에 자신의 권력을 위양한다거나 인민 전체를 의회가 대표한다는 것은 법률적으로 전혀 무의미한 셈이다. 그렇다면 의회란 대체 무엇인가. 그 답을 멀리에서 찾을 필요는 없다. 그것은 정부나 재판소와 전적으로 동일하게 국가기관 중 하나다. 만약 의회가 적어도 인민을 대표하고 있다면, 이는 당연히 우리가 이제부터 밝혀 나가야 하는 별도의 의미에서 그렇다는 것에 지나지 않는다(pp. 395-396).

'별도의 의미'란 현대형 민주주의의 정의에서 나타나듯 경쟁을 통해 선출된 직업 정치가로 이루어진 의회를 의미한다. 슘페터에게 민주제와 대표제란 인민의 의지가 도덕적·윤리적으로는 물론이고 기술적·제도적으로도 불안정성이나 부정형성을 지닌다고 전제한 상황에서 정치가 사이의 경쟁이라는 제도상의 고안으로 중점을 옮겨 사회주의 아래에서의 존속 가능성을 보인 것이다.

여기까지 검토했음에도 슘페터의 민주주의론을 "엘리트주의적 민주주의론"이라 보는 것이 타당하다고 할 수 있을까. 슘페터는 인민의 의지라는 이념을 철저히 해체하고 현실을 직시하는 입장을 취했다. 이로써 이른바 민의에 기초한 정치가 아닌 정치가의 경쟁에 역점을 둔 민주주의론이 탄생했던 것이다.

민주주의를 정치가의 지배로 한정해 보고 유권자는 선거 이외에 가능한 한 개입하지 말아야 한다는 논조는 엘리트주의적이기는 하다. 그러나 엘리트주의는 정치가가 인민보다 우수하다고 주장하지도, 민주주의는 정치가에게 맡겨 두면 적절히 운영된다고 주장하지도 않는다. 엘리트의 지배가 이상적이기 때문이 아니라, 인민의 일체성을 당연시할 수 없기 때문에 슘페터의 경쟁 모델이 도입되는 것이다.

슘페터가 엘리트 지배를 이상화하지 않았음은 그의 주장에서 정치가의 리더십이나 이를 육성하는 과정에 관한 문제가 중요한 위치를 차지한다는 점에서 알수 있다. 민주주의적 방법이 성공하기 위해서는 '정치의 인적 소재—정당 조직에 속한 사람, 의회에서 일하라고 선출된 사람, 장관급 지위에 오른 사람 등—가 충분히 자질을 지니고 있어야 하며', 그와 같은 정치가를 확보하기 위해 '당연한 천직으로서 정치에 종사하는 사회 계층—그 자체가 엄격한 도태과정의 산물이다—의 존재(pp. 463-464)'가 요망된다.

슘페터의 민주주의론은 대표제 비판이 두드러지는 현재의 정치 상황에서 보면 엘리트주의적일지도 모른다. 그러나 그 엘리트주의가 "인민의 의지"와 거리를 두려는 시도임을 인식해 둘 필요가 있다.

이 거리감이 없다면 "인민의 의지"가 무반성적인 전제 지배를 낳을 수도 있었다. 사회주의적인 "인민의 의지"와의 대결에 직면해야 했기에 "인민의 의지"의 비현실성을 예민하게 헤아리고 그에 맞섰던 것이 슘페터의 민주주의론이었던 것이다. 그것을 엘리트주의적 **민주주의론**이라고 부른다면, 다른 한편으로 엘리트주의적 민주주의론이라는 점에도 주의를 기울이지 않는 이상 공정한 자세라 할 수 없을 것이다.

제3절 직접제와 대표제는 반대 개념인가?

직접민주제와 아테네의 민주정[*]

슈페터의 민주주의론은 "인민의 의지"와 의도적으로 거리를 두고자 했다. 이는 그의 대표제가 직접제의 단순한 대체물이 아님을 뜻한다. 직접제가 규모의 문제로 실현 불가능하기 때문에 어쩔 수 없이 유사 직접제로서의 대표제를 채용하는 것이 아니라, 대표제에는 그 자체로 채용해야 하는 이유가 있다는 것이다.

또한 이러한 생각은 슈페터처럼 민주주의와 의회

---

[*] 이 책에서는 대부분의 경우 '민주제'라는 표기를 사용했으나, 이것은 직접제나 대표제 등의 제도적인 측면에 착목했기 때문이다. '민주정'은 군주정이나 귀족정 등 소위 정체로서 구별하는 경우에 대응한 표현이다. 다만, 나중에 나올 아리스토텔레스 번역의 인용에서도 볼 수 있듯이, 군주제, 귀족제, 민주제 등으로 표기하는 경우도 있어 엄밀한 구별은 어렵다. 이 책에서는 번역한 부분과의 상응성 및 논의 내용을 고려하면서 적절히 가려 썼다.

주의를 대립시켜 보는 구도와도 충돌한다. 현대 민주주의를 '**모든 것에 대해** 상당한 토론의 자유가 있는' 제도라는 슘페터의 말 속에는 자유주의적인 의회제·대표제를 매개로 함에도 불구하고 모든 시민의 정치참여라는 민주주의의 핵심적인 요소 또한 도입되었다는 뜻이 내포되어 있기 때문이다.

사실상 일반에 퍼져 있는 직접민주제 대 대표민주주의라는 구도는 꼭 정확하다고 할 수 없다. 현대의 대표민주주의에도 국민투표·주민투표와 국민발안 등의 제도가 부가되어 있는 것이 보통이어서 직접민주제와 대표민주주의의 혼합형태라고 논해지기 때문이다.

그러나 비단 현대의 민주제만 혼합형태인 것은 아니다. 종종 직접민주제의 전형이라고 칭찬받는 고대 아테네의 민주정에서도 실제적인 제도 운영은 현대의 우리들이 떠올릴 법한 이미지와는 대단히 다르게 이루어졌다.

아테네의 직접민주제를 논할 때 자주 인용되는 것이 민회의 운영방법이다. 민회는 현대적으로 말하자면 입법부 즉 국회에 해당하는 것인데, 선거로 선출된 의원들로 이루어진 현대의 의회와는 달리 성인 남성 시민 전원이 참여할 수 있었다. 또한 전원이 단순한 참여를 넘어서 발언할 권리를 가지고 있었으며, 결의를 할 때에도 전원이 투표권을 행사할 수 있었다.

아테네 민주정에서의 정치참여는 단순히 그 장소에 있는 것만을 의미하지 않았다. 발언을 통해서 논의의 주도권을 쥐는 것까지 포함해 평등한 참여의 권리가 실현되었던 것이다.

전원참여를 위해서는 정례회를 자주 열기 힘들었겠다고 생각할 수도 있겠지만 실제로는 연 40회 개최되었다. 성인 남성 시민의 인구는 약 30,000명 정도로, 중요한 결의에 관한 정족수는 아마도 6,000명에 달했을 것으로 추정된다(하시바 유즈루, 『언덕 위의 민주정—고대 아테네의 실험』[30], 이나 이토 사다오, 『고전기 아테네의 정치와 사회』[31] 참조). 현대에 6,000명이 모인 의사 진행을 상상하기 어렵다는 점을 생각하면 이것 또한 아테네 참여민주주의의 저력을 나타내는 장면이라 볼 수 있다.

또한 의제에 관해서도 아마추어가 아마추어 나름의 간단한 테마를 잡는 식이 아니었다. 민회의 의제에는 개전과 종전의 판단부터 병사의 동원까지 외교 및 군사 관련 사항이 많았으며, 시민은 생명에 직결되는 중대한 선택을 해야만 했다. 대표자가 아닌 시민이 모여 국정의 중대 테마에 관해 결정하는 이러한 집회야말로 직접민주제의 원형으로, 루소가 동경했던 광경인 것이다.

그러나 민회에 시선을 빼앗기면 간과되는 요소가

있다. 아테네의 직접민주제는 민회만으로 운영되지 않았다. 애당초 어떠한 의제를 민회에 상정할 것인지에 대해서는 평의회라는 작은 기관에서 먼저 논의되었다.

평의회는 전원참여가 아니라 각 부족에서 뽑힌 사람이 참여하는 선출제였다. 임기는 1년이며, 연임은 할 수 없고 평생 두 번까지는 선출 가능했다. 제사일을 제외하고 매일 개최되는 평의회는 아테네 행정의 중심으로, "아테네 정부"라 부를 만한 것이었으며, 재정업무 전반에 광범위한 권한을 지니고 관리 탄핵 등의 사법적인 기능도 맡고 있었다. 아테네는 민회를 통한 직접민주제를 채용하기는 했지만, 민회를 통한 직접민주제가 아테네 정치의 전부는 아니었던 것이다.

또한 행정 실무에 임하는 행정관과 관리도 당연히 필요했다. 그래서 채용된 것이 추첨을 통한 선출이라는 장치다. 평의회 의원도 공직자로서 추첨으로 뽑혔으며, 아테네의 정치에서는 추첨이 행정관의 일반적인 선출 방법이었다. 약 700명 있었던 행정관직 중 600명이 추첨으로 선출되었다고 한다.[*]

---

[*] Bernard Manin, *The Principles of Representative Government*, The Cambridge University Press, 1997, pp. 11-12

추첨이 아니라 선거로 선출된 관직의 경우, 원칙적으로 임기 1년에 재임은 불가했으며, 단독이 아닌 복수의 사람으로 이루어진 동료단이 운영에 종사했다.

현대에서 행정관과 민주주의를 연결하는 것은 자격시험을 통한 공정하고 공평한 경쟁이다. 즉 유능함을 보이기만 한다면 누구라도 행정관이 될 수 있다는 의미에서 평등성이 중요하다고 여겨진다.

그러나 아테네의 민주정에서 행정관과 민주주의를 잇는 것은 유능함을 보일 기회의 평등이 아니라 추첨이라는 우연성에 지배를 받는 선출 절차와 짧은 임기다. 바꿔 말하면 행정직을 맡을 기회가 전체 시민에게 평등하게 배정된다는 점이 아테네 민주정을 떠받치는 원리 중 하나였던 것이다. 공간이 아니라, 시간축에 따라 전개된 순환형 전원참여 시스템이라고도 할 수 있다.

게다가 전원참여와 순환의 조합만으로 아테네의 정치가 성립되었던 것도 아니다. 누구나 "의원"으로서 발언할 수 있고, 누구나 "공무원"으로 종사할 수 있는 시스템이란 누구에게나 책임이 추궁되는 시스템이기도 했다.

당시 아테네에서 공직자의 탄핵은 극도로 가혹했다. 아테네에는 추첨으로 구성되는 민중재판소가 있어 공직자의 집무 심사와 탄핵을 수행하는 기관의 역할을 맡았다. 특히 그라페 파라노몬graphē paranomon이라는 제도는 아테네 민주정의 엄격함을 보여 준다.

시민은 민회에 제기된 안건에 관해 제안자를 명시하여 불법임을 고발할 수 있었다. 게다가 심의 중인 안건 뿐 아니라 이미 가결된 사안에 대해서도 고발이 가능했다. 고발의 결과로서 부정이 인정될 경우, 제안자에게는 벌금이 부과된다. 이미 가결된 법이 뒤집힐 가능성도 있다. 벌금은 소액일 경우도 있지만, 그 금액이 클 경우에는 시민권을 박탈하는 데 이를 수도 있었다. 민회에서의 논의를 주도할 권리는 누구에게나 있었으나, 실제로 이를 수행하는 데에는 상당한 리스크를 각오해야만 했던 것이다.

또한 민주제의 전복이나 민회·평의회에서의 수뢰 행위 등에 대해서는 시민이나 공직자의 탄핵 재판도 이루어졌다. 탄핵재판의 결과 유죄판결이 내려진 경우, 사안의 중요성을 감안하여 사형이 선고되는 일도 많았다. 즉 정치참여가 용이하고 시험을 거치지 않고도 공직을 맡을 수 있었지만 그 기회의 악용은 목숨이 걸린 일이었던 것이다(앞서 언급한 하시바, 이토, 마넹의 책과 사와다 노리코의『아테네 민주정―목숨을 건 8인의 정치가』[32]도 참조할 것).

따라서 제도상으로는 정치에 쉽게 참여할 수 있는

아테네의 직접민주제에서도 그에 참여하기 위해 넘어야 할 심리적 장벽은 결코 낮지 않았다. 탄핵 시스템의 존재를 알면서도 민회에서 발언하기 위해서는 상당한 용기를 필요로 했을 것이다.

또한 공직을 순환제로 선발한다고 앞서 기술했지만, 추첨 대상에 이름을 올리는 여부는 스스로 선택할 수 있었다. 즉, 입후보를 전제로 한 추첨이었다. 민회에서의 발언이든 행정관직 취임이든 기회가 평등하게 주어졌다고 해도 그 책임은 무거웠으며, 자발적으로 정치에 관여하는 것은 중대한 결심을 필요로 했다.

이것은 선거에 의한 선발제가 아니다. 그러나 자발성을 유지한 형태이면서도 일종의 선발제이기는 했던 것이다.

현재 직접민주제에 대한 일반적인 이미지는 어떨까? 시민이 정치에 직접 관여하기 쉬운 한편, 무책임한 발언이나 행동 때문에 중우정치로 쉽게 변질될 우려가 있다. 여기에 대해 참여를 중시하는 측에서는 시민은 대표된 정치가에 비해 일반적으로 능력이 덜하지 않으며, 중우정은 필연적 결과가 아니라는 반론을 제시하는 경우가 많다. 그러나 이러한 입장은 표면적으로 상반되는 것처럼 보일 수 있어도 공통점 역시 지닌다. 직접민주제에 책임을 묻는 시스템이 구비되어 있지 않다고 본다는 점이다.

그러나 아테네의 민주정을 살펴보면 직접민주제는 책임을 묻는 시스템과 양립 가능함을 알 수 있다. 오히려 직접민주제가 책임을 묻는 시스템과 양립하지 않는다고 생각하는 것이 특정한 형태의 직접민주제와 대표민주주의의 모델을 유일한 것으로 단정하기 때문이라 볼 수 있다.

책임을 지는 시스템이 있기에 직접민주제는 누구나 가볍게 참여할 수 있는 정치체제가 아니었다. 책임을 묻기 위한 일종의 대표제도 도입되어 있었다. 아테네의 이른바 직접민주제는 참여자의 책임을 엄격하게 묻는 혼합형 민주정이었던 것이다.

직접민주제의 형태

위에서 본 것처럼 아테네의 정치는 민회에서의 참여, 발언, 논의만으로 성립하지 않았다. 그 외에 추첨 선발제로 임명되는 행정관도 존재했으며, 소수이기는 하지만 장군이나 재무관 등 선거를 통해서 선출하는 요직도 있었다. 또한 시민참여의 책임을 묻기 위해 고안된 사법제도도 있었다.

민회를 직접민주제로 간주한다면, 이에 관련된 제한을 부가하는 각 제도는 직접민주제와는 다른 특성을 나타낸다. 현대의 민주정이 대표민주주의에 직접민주제의 요소를 더한 것이라면, 아테네의 민주정도 마찬가지로 직접민주제에 대표민주주의의 요소를 더한 것이다. 따라서 단순히 시민의 직접적인 참여를 가지고 아테네와 현대의 데모크라시를 구분하기는 어렵다. 양자 사이에는 민주정에 관련된 더 근원적인 사고방식의 차이가 있다.

여기부터는 베르나르 마넹Bernard Manin의 저술*에 의거한 고찰을 진행한다. 마넹에 의하면 아테네 민주정의 핵심적 특징은 민회의 전원참여가 아닌 추첨 제도다. 데모크라시는 통치하는 사람과 통치 받는 사람이 하나임을 의미하지 않으며, 공직이 순환적인 방식으로 모두에게 돌아간다는 원칙을 중심으로 구성되어 있다는 것이다.

---

* Bernard Manin. *The Principles of Representative Government*, The Cambridge University Press, 1997

민주주의의 중심이 되는 원리는 사람들이 통치자인 동시에 통치를 받는 자여야 한다는 데 있는 것이 아니라, 모든 시민이 이 두 자리를 차지할 수 있어야 한다는 데 있다. ……(중략)…… 바꿔 말하면 민주적인 자유란 자기 자신에 따르는 데 있는 것이 아니라, 오늘은 누군가에게 복종하지만 내일은 내가 그 누군가의 지위를 차지한다는 데 있다 (p. 28).

추첨은 선거와 마찬가지로 많은 사람들 속에서 누군가를 선발하는 방법이다. 따라서 민회에서의 참여와 발언이라는 형태를 지닌 직접민주제가 아니다. 그러나 추첨은 모든 사람들이 차례로 직접 참여할 수 있는 가능성을 열어두고 있다. 이러한 의미의 평등성 즉 권력을 행사하는 지위에 오를 가능성이 누구에게나 열려 있다는 점이야 말로 아테네 데모크라시의 근간이 되는 것이다. 따라서 민회에 참여하고 발언하는 평등성 또한 통치자와 통치 받는 자 사이의 동일성을 보장한다기 보다는 탄핵의 위험을 감수하고서라도 참여를 희망하는 자에게는 반드시 기회가 주어진다는 의미로 이해되어야 한다.

선거와 추첨의 차이는 다음에서 분명히 드러난다.

선거에서는 유권자가 원하는 이상 재선이 가능하며, 이는 특정 인물이 계속 재선을 거듭한다면 순환의 원칙이 작동하지 않음을 의미한다. 아테네에서의 추첨제도는 재선 횟수의 제한과 한데 묶여 있었던 데다가 임기를 짧게 정했음을 상기하자. 따라서 추첨제에서는 필연적으로 많은 사람들에게 공직에 오르는 순번이 돌아온다.

현대에서 추첨은 그다지 주목받는 선발 시스템이 아니다. 이것은 선거가 세습제와의 대결 속에서 민주적인 정치제도의 지위를 확립해 왔다는 역사적 경위 때문이다. 세습제도 선발 시스템의 하나이지만, 공직에 오를 수 있는지 여부는 혈통에 의해 결정되기 때문에 취임의 기회가 평등한 제도라고는 할 수 없다. 이에 비해 선거는 적어도 입후보와 취임의 기회가 누구에게나 열려 있다는 점에서 상대적으로 평등성이 높은 제도다. 세습제와 비교할 경우 선거의 민주적인 측면은 현대의 대표제를 민주적인 제도로서 이해할 때 중심적인 논거가 된다.

그러나 추첨을 통한 선출은 선거보다 고도의 평등성을 실현할 수 있다. 왜냐하면 각 시민이 선출되기를 원하는 이상 순환에 의해 공직 취임의 기회가 돌아올 가능성이 선거로 당선될 찬스에 비해 훨씬 높기 때문이다. 따라서 세습을 논외로 한다면 선거와 추첨은 시민들로부터 소수의 인원을 평등하게 선발하는 시스템이라는 점에서는 같지만, 그 둘이 선발 수행에 대해 지니는 사고방식은 근본적으로 다르다고 볼 수 있다.

위의 내용을 종합해 보면, 적어도 아테네의 경우와 비교하면, 고대의 이른바 직접민주제와 현대의 이른바 대표민주주의의 차이는 선발 시스템의 여부에 있지 않다. 즉 직접 참여와 간접적 대표 사이의 차이가 아니라, 두 이질적인 선발 시스템 사이의 차이로 이해할 수 있는 것이다.

직접민주제는 추첨을 통한 공직 순환을 중심에 두는 제도이며, 대표민주주의는 선거에 의한 공직의 선발을 중시하는 제도다. 직접민주제에 관해서는 민회에 직접 참여하는 것을 중심으로 하는 이해 방식 외에도 참여 기회가 선거보다도 광범위하게 분배되는 공직 추첨제를 축으로 삼는 이해 방식 또한 가능하다는 것이다.

직접민주제를 민회에의 참여 중심으로 이해한다면 대표제에서의 정치가는 시민의 총체가 지닌 민의를 반영하는 자로 보아야 한다. 민회에 모인 시민이 민주정의 본체인 이상, 대표는 주역을 가능한 한 존중하는 방식으로 행동해야 하기 때문이다.

다른 한편 만약 직접민주제를 순환의 원리로 이해한다면, 선거가 중심이 되는 대표민주주의와는 선출

제도의 차이가 있을 뿐이다. 따라서 대표제를 직접제에 대한 이차적인 대체물로 볼 필요가 없다. 각 선출제도의 특징에 입각하여 그 득실을 깊게 살펴보면 충분한 것이다.

직접제와 대표제는, 한쪽이 시민의 참여와 민의의 반영을 중시하고 다른 한쪽이 엘리트에 대한 위임을 중시한다는 식의 대립관계에 있지 않으며, 기본 이념이 다른 두 가지 병렬적인 선출 시스템으로 생각할 수도 있는 것이다.

제4절 대표제 이해의 가능성

혼합정체로서의 대표제론

제3절에서 추첨과 선거를 비교하며 둘은 성질이 다른 민주적인 선발 시스템이라는 점을 기술했다. 그럼에도 둘 사이에는 민주정과 관계 맺는 방식에서 큰 차이가 있다고도 할 수 있다.

선거는 세습제와 비교할 때 민주적인 성격이 두드러지지만, 추첨과 비교하면 특정 인물이 재선을 통해 장기적으로 공직을 차지할 수 있는 가능성이 있다. 일본에서도 선거가 이루어지고 있음에도 불구하고 특정 정치가의 영향력이 장기화되어 2세 의원이 많이 탄생했다는 것은 주지의 사실이다.

원래 정치사상사에서는 고대 그리스의 아리스토텔레스 이래 선거와 민주정을 분리해서 논하는 경향도 강하다. 아리스토텔레스는 『정치학』[33]에서 다음과 같이 썼다.

공직자를 추첨으로 뽑는 경우는 민주제적이며, 선거로 선출된 자인 경우는 과두제寡頭制적이라 여겨진다. 또한 공직자가 되는 데 재산을 그 자격으로 하지 않는 것은 민주제적이고, 자격으로 하는 것은 과두제적이라 여겨진다. 따라서 과두제에서 선거로 공직자를 선출하고 민주제에서 재산을 자격으로 삼지 않는 것, 즉 두 국가제도가 상호의 요소를 도입하는 것은 귀족제적이며 또한 '국가제도'적이다(제4권 제9장).

여기에서 아리스토텔레스는 선거를 민주제가 아니라 과두제에 결부시키는 사고방식을 소개했다. 과두제란 공직이 부에 의해 부여되는 제도이기에(제4권 제8장), 선거는 부유층이 선출되기 쉬운 제도라고 인식한 것이다.

이러한 사고방식 자체는 선거운동의 규제나 재산제한의 철폐를 실현해 온 현대민주주의의 수준에서 볼 때 이미 극복된 과거의 논의라고 할 수도 있다. 그러나 선거와 민주제를 일단 떼어 놓는 발상 자체는 현대의 민주제에서도 큰 의미를 지닌다고 생각된다. 왜냐하면, 설령 선거가 아무리 민주적인 역할을 수행한다고 해도 정치가로서의 일정한 능력을 평가 기준으로 삼는다는 점에서 뛰어난 사람을 뽑는 제도임은 부정할 수 없기 때문이다.

선출 기준이 부가 아니라고 해도 선거에서 선출된 사람은 유권자와 결코 동등할 수 없다. 제3장에서 '가장 높은 능력을 지닌 자'라는 사전적인 의미를 확인했는데, 이렇듯 대표에게는 무엇인가 선출에 합당한 이유가 있어야만 하는 것이다.

이 경우 '높은 능력을 가진다'는 말을 좁게 해석해서는 안 된다. 예를 들어 국제관계에 밝다든지, 에너지 문제에 관해 전문적인 지식을 가지고 있다든지, 회의에서 각 회파 간 교섭역으로서 유능하다든지 하는 것만이 능력이 높다는 의미는 아니다.

더 느슨한 기준, 예를 들어 직업 정치인처럼 권력과 자금의 획득에 구애되지 않는 일반 시민의 시점에서 정치를 수행해 나갈 수 있다는 점 또한 '능력이 높다'는 것에 포함된다. 바꿔 말하면 "서민파의 정치가"는 서민이라는 이유만으로 선거에 당선되지 않는다. 서민파의 정치가가 선출되기 위해서는 **유능한** 서민이어야만 하는 것이다.

이러한 점은 민주적인 정치제도로서는 방계가 된 추첨과 비교할 때 분명히 드러난다. 추첨 방식인데다가 임기가 짧게 구획되어 있다면, 일정 기한 내에 여러 시민이 정치 관련직에 취임할 가능성이 있다. 그러나 선거에서는 그렇지 않다. 재선의 제한이 없는 경우, 시민 중에서도 높은 평가를 받는 한정된 사람들이 유리하다. 따라서 선거는 추첨과 비교할 때 시민이 정치가로서 활동할 기회를 제약하는 정치 시스템이라 할 수 있다.

일본에서는 2세 의원·세습의원의 비율이 높다는 비판을 자주 접할 수 있다. 그러나 이것은 선거라는 제도가 실시되고 있음에도 **불구하고** 발생하는 사태가 아니다. 선거라는 제도가 실시되고 있기 **때문에** 이와 같은 사태가 발생하기 쉬운 것이다.

우리는 많은 경우 선거를 선출되는 측이 아닌 선출하는 측의 시점에서 생각한다. 19세기 이후 선거권이 확대되고, 20세기에는 많은 나라에서 보통선거가 실현되었다는 서술은 선출하는 측 즉 유권자의 시점에서 볼 때 시민참여가 확대되었다는 의미에서 민주주의의 성공 스토리가 된다.

그러나 선출되는 측에서 보면 아무리 피선거권이 확대되었다고 해도 선출되는 자는 일정한 우수함을 평가받은 사람들로 한정된다. 민주주의에서의 평등이 능력에 의한 차별을 금한다는 것을 의미한다면 투표를 하는 것에서뿐 아니라 투표를 받는 것에서도 능력에 따른 차별은 허용되지 않는다. 따라서 선거라는 회로를 거쳐

야만 한다면, 그것이 아무리 광범위한 투표권을 수반한 보통선거라고 해도 순진하게 민주주의라고 부를 수는 없는 것이다.

잠시 앞에서 한 이야기로 돌아가 보자. 슘페터형 민주주의론에 대한 비판이 지니는 문제점은 선거 자체에 포함된 비민주주의적인 요소와 선거 자체에 포함되지 않는 비민주주의적 요소를 명확하게 구별하지 않는데 있다.

파벌 투쟁이나 이익 추구의 정치는 대표민주주의에 내재하는 해악이 아니다. 직접제의 형식을 취한다고 해도 파벌이나 계층 이익이 없어지지는 않을 것이다. 역으로 대표제의 형식을 유지한 채로도 제도적 고안이나 규제의 강화를 통해 대표제에 포함된 모든 비민주주의적 요소를 제거할 수 없다. 선거를 통한 선출이 뛰어난 특성을 평가함으로써 가능해진다면, 그것은 해악이라기보다는 대표제에 내재하는 귀족정적 요소라고 할 수 있다.

애당초 피트킨의 대표론을 보면 알 수 있듯 대표제만큼 원리적으로 불안정한 제도는 없다. 대표제란 인민이 참여하면서 순수한 인민주권은 아닌, 즉 민주주의라고 말하면서 순수한 민주주의는 아닌 정치제도다. 이

것이 왜 2000년 이상 유지되어 왔을까.*

　이 점에 대해서 충분히 이해하지 않으면 대표제는 타성에 젖은 채 존속할 뿐이며, 따라서 비판과 무용론이 반복해서 부상하게 된다. 그리고 대표제가 왜 필요시되었는지 밝히지 않은 채로 외치는 직접민주제 또한 결국은 산발적인 에피소드로 계속될 뿐이지 않겠는가.

　그렇다면 대표제가 살아남는 데는 어떤 요소가 공헌해 왔을까. 마넹에 따르면 대표제가 지니는 특징 중 하나는 그것이 민주정이 아니라 일종의 '혼합정체'라는 데 있다(Manin, pp. 145-156). 혼합정체론이란 왕정이든 귀족정이든 민주정이든 단일한 정체로는 불안정하여 순환하게 된다는 생각에 기초한다.**

　왕정이 부패하면 참주정이 된다. 이것을 무너뜨리

---

* 일본의 상황에 맞게 바꿔 말하면, 히비야 방화 사건부터 안보투쟁과 최근의 원자력발전을 둘러싼 시위를 포함해 이 정도의 가두행동의 전통이 있으면서도 대표제가 폐지되지 않은 것은 어째서일까? 이것을 밝히지 못하는 한 대표제에 대한 비판은 생산적일 수 없다.

** 고대 로마 공화정을 혼합정체로 해석하는 폴리비오스의 이해 방식이 권력 분립이라는 현대적인 이념으로 발전적으로 계승된 역사적 과정에 관해서는 이누즈카 겐 '혼합정체론'(『영국철학·사상 사전イギリス哲学·思想事典』 겐큐샤, 2007)이 간결하게 설명하고 있다.

고 귀족정이 수립되나 이것 또한 과두정으로 타락한다. 민주정이 이것을 바로잡으나 언젠가는 중우정에서 무정부상태에 빠짐으로써 결국 왕정으로 돌아간다. 이처럼 불안정한 상태가 이어지면 정치체의 번영은 기대할 수 없다.

이에 반해 로마의 정체는 왕정적인 요소인 집정관, 귀족정적인 요소인 원로원, 민주정적인 요소인 평민회를 동시에 갖추고 있어 안정된 정치운영과 장기간에 걸친 번영이 실현되었다고 여겨진다.

선거는 그 자체가 귀족정적인 요소와 민주정적인 요소를 함께 지니고 있어, 혼합정체와 유사하게 작동하는 제도다. 이번 장에서는 지금까지 추첨과 비교할 때 나타나는 선거의 비민주적 성격을 강조해 왔으나, 다른 측면에서 보면 보통선거를 통해 성인 시민이 차별받지 않고 평등하게 정치에 참여할 수 있음 또한 명백하다. 선거에 기초한 현대 대표민주주의가 지닌 어려움은 이 민주적 측면과 비민주적 측면이 하나의 제도 안에 동거하고 있다는 데 있다. 누구나 정치가라는 직업에 종사할 수는 없는 비민주적인 측면을 강하게 비판한다면, 대표제 자체를 폐기하려고 할 수도 있다. 그러나 그것은 대표제의 민주적 기능도 동시에 포기하는 것을 의미한다. 그보다는 대표제의 비민주적인 측면에서도 일정한 의의를 찾아내면서 민주적인 측면의 유지를 꾀하는 것이 혼합정체론으로서의 대표제 옹호론이라 할 수 있을 것이다.

실제로 비민주적인 성격을 지니는 선거가 그럼에도 불구하고 추첨을 압도해서 근대 이후 민주제의 중심이 된 데에는 이유가 있다. 선거는 추첨과 다르게 시민이 자신들의 의지로 정치를 운영한다는 생각이 동반되기 때문이다.

추첨의 경우 자신들의 의지와는 상관 없이 우연적인 힘이 작동해 공평성이 확보된다. 따라서 자의적인 판단이 들어갈 여지가 없다. 이에 비해 선거에서는 모든 시민의 의지가 측정됨으로써 공평성이 확보된다. 추첨에서는 모든 시민이 관여하지 않음으로써, 선거에서는 반대로 모든 시민이 관여함으로써 정치가 특정 파벌에 치우치지 않게 되도록 제도가 설계된 것이다.

선거는 시민의 의지가 지닌 힘을 통해 민주주의를 실현하려는 제도다. 단, 바로 이 때문에 시민이 의지를 어떻게 사용할지 스스로 기준을 지녀야 한다. 그리고 기준을 지니는 것은 뛰어난 인재를 선출하는 것으로 이어져 결과적으로 선거의 비민주적 성격을 표면화시키게 된다.

우리는 보통 우리의 생각에 따라 정치를 움직이

기 원한다. 세습제의 정치에 비교할 때 민주제가 지니는 특징은 시민이 상위자의 힘에 의거하지 않고 스스로의 힘으로 통치한다는 데 있다. 설령 비민주적인 요소가 혼재될 가능성이 있다고 해도, 시민의 의지에 의한 자치라는 이념을 전제하는 한 선거는 버릴 수 없는 제도인 것이다.

게다가 뛰어난 자를 선출한다는 선거의 특성은 비민주적인 의미를 포함한다 해도 반드시 비판만 받을 특성이 아니다. 아테네에서도 장군직이나 재무 등 특히 유능함을 필요로 하는 직무에 대해서는 선거가 사용되었다.

선거는 확실히 비민주적인 요소를 지니고 있지만, 세습처럼 특정한 혈동을 지닌 자만 공직자가 될 수 있는 것은 아니다. 선거의 비민주적인 성격은 제도가 지닌 비민주적인 "경향"이라 말할 수 있으며, "경향"은 유권자가 적극적으로 거부한다면 반전시키는 것 또한 가능하다. 세습제에서의 정권교체는 혁명을 통하지 않는 이상 불가능하지만, 선거에서는 유권자의 선택으로 평온한 정권교체가 가능한 것이다.

선거가 혼합정체처럼 작동한다는 것은 뛰어난 자를 선출한다는 귀족정적인 기능을 유권자의 판단을 통해 민주적으로 제어할 수 있음을 의미한다. 반대로 시민이 제어하려 하지 않는다면 선거라는 제도 그 자체는 귀족정적인 효과를 수반하며 작동한다. 따라서 대표제에 시민참여가 불필요한 것은 아니다. 오히려 시민의 참여야말로 대표제의 생명선이다. 좋든 나쁘든 시민의 정치 관여가 대표민주주의의 성격을 바꾸는 것이다.

대표민주주의가 키우는 직접민주제

대표제의 현대적인 위기

대표제는 민주적인 요소와 비민주적인 요소를 조합함으로써 시민의 의지를 존중하는 가운데 정치 과제에 대한 대응을 가능하게 했다. 이러한 의미에서 모호성과 불안정성이 내재하기에 위기가 곧 통상적인 상태였던 것이다. 그러나 서로 다른 요소의 균형을 맞추며 장기간에 걸친 상대적인 정치적 안정을 어떻게든 유지했다고 볼 수도 있다.

그러나 현대의 "대표제의 위기"가 대표제에 내재하는 불안정성에만 기인했다고 단정하기도 어렵다. 현대의 위기는 대표제라는 제도 자체의 문제라기보다는 최근에 새로 발생한 정치적 과제와 관련된 부분이 크기 때문이다.

현대 사회의 상황은 대표제가 탄생한 당시의 세계와 너무나도 크게 달라졌다. 숙의에 관한 장에서 다루었듯, 현대에는 재귀적 근대화가 진행되고 있다. 소셜 미디어를 통한 많은 양의 정보가 빠른 속도로 유통됨에 따라 사람들은 정보의 신뢰성을 충분히 검증할 새도 없이 주위의 사회 상황을 판단해야만 한다. 다양한 견해가 순식간에 나타나고 사라지기 때문에 무엇이 맞고 틀린지 판단하기 쉽지 않다.

미디어 발달 외에도, 전세계를 돌며 다양한 문화를 접하는 사람들 또한 많아졌다. 찬반 양론은 있지만 그 어떤 나라도 다문화형 사회에 대응해 나갈 수밖에 없다. 여기에서 쟁점의 다양화와 세분화가 일어나 지금까지는 문제시되지 않았던 생활 스타일이나 가치관까지 유동적으로 변한다.

현대 일본의 국정 선거만 돌아봐도 헌법 개정, 경제 정책, 재해 대응, 에너지 문제, 사회 보장, 저출산 고령화, 비정규 노동, 교육 문제, 미일 관계, 아시아의 국제관계, 기지 문제, 역사 인식, 정치가의 리더십, 선거제도 개혁 등 다 열거할 수도 없는 쟁점이 무수히 많으며, 주된 쟁점이 무엇인지 판단하는 것조차 어렵다. 쟁점 수에 대응해서 정당 수 또한 증가하여, 상호 차이를 구분하기도 혼란스러울 정도다.

무엇을 중요한 쟁점으로 생각할지, 각 쟁점에 관해 무엇을 옳은 정보로 볼 것인지, 난이도 높은 쟁점에 대한 올바른 해결 방법은 무엇인지, 각 쟁점이 지자체·국가·국제사회 중 어느 수준까지 영향을 미칠 것인지 이들 하나하나에 관한 유권자의 판단은 세세하게 나뉠 수밖에 없다. 또한 기술이나 환경의 변화에 의해 올바르다고 여겨지는 해법 또한 시시각각 변한다. 유권자는 세분화·단편화되고, 판단은 유동적이게 되기 때문에 정치적 판단이 필요한 여러 국면에서 격렬한 논쟁이 발생한다.

현대 일본에서도 군소정당의 분립 상황이 나타났는데, 이것은 비례제를 포함한 선거 제도의 영향뿐만 아니라 쟁점 구조의 세분화에 대응한 것으로 생각해야 한다. 현대의 정치적 대립은 대집단 사이의 충돌이라기 보다는 시민 혹은 소집단 사이에서 일상적으로 발생하는 세세한 정책 논쟁의 집적이라 하는 편이 좋을지도 모른다.

그러나 대표민주주의는 현재 이러한 상황에 대한 제도적인 해결책을 갖추고 있지 않다. 오히려 대표민주주의의 역사적인 발전은 이러한 현상에 대한 대응을 어렵게 하는 방향으로 진행되어 왔다고 볼 수 있다.

대표민주주의의 역사에서 가장 큰 변화 중 하나는

대중정당의 등장이다. 원래 대표민주주의는 지방의 명망가와 유권자 사이의 개인적인 유대에 기반했다. 유권자 수가 적었기 때문에 유권자의 의지 즉 민의는 명망가의 언동에 직접적으로 반영되었다. 이런 의미에서 제한 선거는 오히려 민주적이었던 것이다.

그러나 선거권 확대를 통해 보통선거가 실현됨과 함께 개인으로서의 명망가가 아니라 조직으로서의 정당이 대표제의 주역이 되었다. 당수를 정점으로 지휘명령계통이 정비되고, 정당관료의 역할이 증대되며, 정책체계의 조직적 결정 프로세스가 기능하게 된다. 중앙과 지방의 연락 또한 긴밀하게 되어 지도의 영향이 골고루 미치게 된다.

이러한 상황에서는 대표된 정치가도 선거구의 유권자를 마주하기만 하는 것으로 부족하다. 광범위한 지지를 모으기 위해 개인적인 유대가 아니라 조직적인 유대가 필요하게 된다. 유권자도 자신의 의견을 정치가에게 전하는 것이 아니라 자신의 의견과 합치하는 당의 정책 체계를 지지함으로써 대표와 관계를 맺으려 한다. 대중정당을 매개로 한 대표민주주의에서는 선거권 확대로 인해 오히려 민의가 반영되기 어려워진다.

예를 들어 일본에서 자주 문제시되는 당내민주주의의 문제를 생각해 보자. 당내민주주의의 중요성이 논의될 때에는 당의 정책 체계에 대해 당내의 정치가가 서로 다른 견해마저 지니는 경우가 많다. 그리고 해당 정치가의 근거지 유권자도 자신의 의견을 정치에 반영하기 위해 당내 민주주의의 중요성을 주장한다.

그러나 선거구 유권자의 주장을 정당이 받아들이게 하려 한다는 것만으로는 당내 민주주의를 주장하는 근거로서 불충분하다. 대표제가 명망가 중심의 제도에서 대중정당 중심의 제도로 변질된 이상 당내 민주주의는 어떤 시기에(선거 전인지, 선거 후인지 등등), 어떤 절차로(당수의 강한 권한을 인정할 것인지, 합의제를 중시할 것인지 등등) 정치가와 유권자의 의견을 정책 체계에 반영시킬 것인지 제도 설계의 문제를 무시할 수 없다. 의견을 반영하는 것 자체는 문제의 일부에 불과하다.

다양화된 시민의 의향을 한데 묶기가 얼마나 지난한지는 공선제론을 다룬 1장과 숙의를 다룬 2장에서도 이야기했다. 한 사람의 정치가와 한 사람의 유권자가 개별적인 관계를 가지면 표면적으로는 시민의 의견이 정치에 직접 반영되리라 여겨질 것이다. 그러나 실제로는 다양한 의견 중 극히 일부가 직접적으로 연결되어 있는 것에 불과하며, 정치 시스템 전체로서는 오히려 단편화가 진행되고 만다. 형성된 유대의 옆에는 떨어져 나간 다른 "민의"가 표현될 도리도 없이 내버려지는 것이다.

시민 전체가 이야기를 나눈다고 해도 단편화에 대한 대응이 개선된다는 제도적인 보증은 없다. 단편화에 대처하려는 정치가들 사이의 노력이 시민들 사이의 노력 수준까지 이행하는 것에 대해서만도, 결국 무언가 제도적인 고안이 필요하게 된다는 점에서 다르지 않다.

반복해서 말하지만 대표제가 단편화되는 근본적인 원인은 시민의 의지가 단편화되는 데 있다. 정당이 맡아왔던 기능을 다른 무엇으로 대체하려 해도, 그것이 시민의 의지를 반영한다는 모델에 의거하는 한 떨어져 나간 시민의 의지에 대한 문제로 계속 고심하게 된다. 그렇다면 대표제와 리더십과 숙의의 사이에서 민주주의가 지향해야 할 방향은 어떻게 이끌어낼 수 있을까?

대표제의 민주적 이해

사실, 우리의 관점을 조금 바꾸는 것만으로도 현대 정치의 구조와 작용을 상당히 다르게 볼 수 있다. 그렇게 함으로써 우리가 대표제를 사용하는 방법도 크게 달라질 것으로 생각된다.

우리는 정치는 민의의 실현이며 정치가란 민의를 반영하는 매개자라고 지극히 당연한 것처럼 생각한다. 그러나 지금까지 봐왔듯이 현대의 민의는 세분화되고 유동적인 것이어서 조직화하기 어렵다. 단적으로 말해 "민의"라는 무엇인가를 하나의 사물처럼 생각하는 것은 틀렸다.

민의라 불리는 것이 민주주의에서 중요한 요소임은 말할 필요조차 없다. 인민의 의지를 반영하는 것은 민주주의의 기본이다. 근대 정치사회의 기초가 된 계약론적 정치이론이 중시된 이유도 거기에 있었다. 선거에 기초한 대표민주주의도 세습정치와 비교되면서 시민이 자신들의 의지와 힘으로 정치의 방향을 결정해 나간다는 점을 평가받아 지지를 모아 왔다. 의지의 힘을 중시하기 때문에 추첨이라는 다른 종류의 민주주의적인 제도를 몰아냈다는 점은 앞서 이야기한 대로다.

대표론에서도 유권자의 의지가 중요하다고 생각되기에 권위부여와 위임대표의 논리가 강한 힘을 지녀 왔다고 할 수 있다. 유권자의 의지를 표명하는 것이 대표의 역할인 이상, 대표된 정치가는 유권자의 생각에 따라 행동해야 한다는 것이다. 일본국 헌법을 포함해 각국의 헌법 등에서 국민대표의 이념이 표명되면서 위임대표의 사고방식이 사라지지 않는 것은 의지에 기초한 민주제론의 영향 때문이다.

그러나 민주주의에 있어 시민의 의지를 반영하는 것은 중시되어야 할 사안 중 하나일 뿐이다. 나디아 우르비나티Nadia Urbinati에 의하면, 대표제의 역할은 '의지 will'보다는 '판단judgement'의 영역에 작용하는 것이다.*

이 경우 의지가 의미하는 바는 현재의 정해진 의견, 변하지 않는 정적인 견해로, 시간적인 추이에 무게를 두지 않는다. 미리 정해진 의지가 전제된다면, 정치과정은 그 의지를 표현하는 도구로서의 가치만을 지닐 뿐이다.

이에 비해 판단은 사람들의 의지가 다양하게 나뉘어 있어 시간 경과와 함께 논의와 주장 속에서 주거니 받거니 하며 변화해 나간다는 점을 중시한다. 의지가 정형적이지 않기 때문에 판단하는 행위가 필요해지는 것이다.

그리고 판단이 중요하다고 생각한다면 선거에서도 투표라는 행위와 집계 결과만을 보는 것으로 충분하다고 할 수 없다. 선거의 기회 혹은 그 준비나 사후의 일을 포함해 다른 의지를 지닌 유권자 사이에서 논의가 이루어져 능동적인 정치가 실현되는 것이 대표제의 본질인 것이다.

* Nadia Urbinati, *Representative Democracy: Principles and Genealogy*, University of Chicago, 2008

이것은 일견 숙의민주주의와 유사한 주장으로 직접제를 지향하는 논의처럼 보인다. 그러나 의지가 아니라 판단을 중시할 경우에는 대표제가 직접제에 비해 유리한 측면도 있다.

이 논점에 관해서는 대표제 비판론부터 되돌아 보는 편이 쉬울 것이다. 대표제를 비판하여 직접제의 우위를 설파하는 주장은 통상적으로 대표가 민의를 적절하게 반영하지 않는다는 점을 이유로 든다. 반면 직접민주제는 유권자의 목소리가 왜곡되지 않고 정치에 반영된다는 장점이 있다는 것이다.

그러나 유권자의 목소리가 왜곡되지 않고 정치에 반영된다면, 그대로의 의지가 존중받아 판단이 개입할 여지가 없어질 수 있다. 판단이라는 관점에서 볼 경우 직접민주제는 의지에 지나치게 중점을 두는 것이다.

숙의민주주의론이 선호의 변용이라는 아이디어를 통해 단순한 의지가 아닌 판단의 요소를 집어넣으려 함은 분명하다. 그러나 거기에는 제도적으로 의지와 판단을 떼어내는 장치가 존재하지 않는다. 의지나 선호의 변화를 일으키기 위한 방안은 여러 관점에서 엮어낸 자료의 제시나 다른 견해를 지닌 전문가의 조언이라는 형태로 들어가 있다. 그러나 이들은 선호가 변할 가능성을 높이기는 하지만, 변하지 않는 의지가 결과적으로 그대로 표명되는 것을 방해하지 않는다.

이에 비해 대표제에서는 그 어떠한 의지도 우선 제도적으로 정치에 반영될 기회를 저지 당한다. 시민의 의지는 대표자를 통해서 표명되어야만 하기 때문이다. 대표라는 제도를 사용함으로써 의지는 유권자로부터 **강제로** 분리되는 것이다.

대표는 유권자의 의지를 받아들이기는 하지만, 대표자 자신이 유권자는 아니다. 루소의 말에 따르면 '의지라는 것은 대표되는 것이 아니다.' 대표가 판단의 영역으로 들어갈 수 있는 이유다. 게다가 의지를 그대로 표현해서는 안 되기 때문에 비로소 어긋난 상태를 해소하기 위한 민주적인 논의가 환기되고, 정치에 활발히 참여할 필요성도 생겨나게 된다.

논점을 명확하게 하기 위해 극단적인 형태로 표현하자면, 대표제의 특질과 의의는 직접민주제에 비해 민의를 반영하지 **않는** 데 있으며, 민의를 반영하지 **않음으로써** 민주주의를 활성화시키는 데 있다.[*]

---

[*] 대표제가 민의를 반영한다는 점이 아니라 민의를 절단한다는 점에 것에 관해서는 "대표민주주의에서의 연결과 절단"(우노 시게키 편저, 『정치의 발견④ 이어지다』 후코샤, 2010년)에서 자세히 논했다.

오해를 막기 위해 부연 설명을 하자면, 유권자의 분열에 대처하기 위해 대표자의 판단이 필요하다고 해도 꼭 대표자의 유능함에 의거한 엘리트주의의 입장을 취할 필요는 없다. 대표자의 능력이 뛰어난 것은 바람직하기는 하지만 꼭 그렇지 않아도 대표는 대표인 것 자체로 종합적인 시점과 판단력을 지니길 강제 당한다. 왜냐하면 다수의 유권자에 의해서 선출되는 대표는 특정 개인이나 집단의 민의만을 존중할 수 없기 때문이다.

게다가 사회조직이든 노동조합이든 조직형 선거의 퇴조가 뚜렷해져, 유동성을 특징으로 하는 무당파층의 영향이 확대된 현대의 선거에서 이러한 상황은 더더욱 잘 들어맞게 되었다.

대표는 자신의 뛰어난 능력 때문에 좋은 판단을 내릴 수 있는 것이 아니라, 의지를 실현하려 하는 직접민주제적인 정치 주체가 아니라는 제도적인 위치 때문에 필연적으로 객관적 시점에서 판단을 내려야만 하는 상황에 처하는 것이다.

경우에 따라서는 시민보다 능력이 떨어지는 정치가가 선거에서 선출될지도 모른다. 그 경우에도 정치가가 민의를 직접적으로 표현한다고 주장할 수 없게 만듦으로써, 정치의 행방을 다시 한번 생각할 수 있는 공간을 마련했다고 볼 수 있다.

더 나아가 이것은 대표제를 채택했다고 해도 시민의 의견을 들어주는 데 아무런 모순이 발생하지 않는다는 것도 의미한다. 대표를 민의에서 떼어 놓는 것이 제도적인 고안에 그치는 이상, 유권자의 견해가 정치가의 견해에 비해 본원적으로 열등하다고 생각할 이유는 없기 때문이다.

직접민주제에서 판단의 질이 떨어진다는 이유 때문에 대표제가 채용된 것이 아니다. 따라서, 대표제를 채용해도 직접민주제를 부정할 필요는 없다. 오히려 대표제라는 안전장치가 채용되어 있기 때문에 비로소 안심하고 직접민주제를 활성화시킬 수 있다. 그러나 주민투표가 민의 사이의 충돌로 끝나지 않게 하기 위해서는 의회민주주의라는 제도의 존재는 필수적이다. 대표제와 직접제는 민주주의가 적절하게 기능하기 위해 동등하게 필요시되는 제도로, 둘이 서로를 부정할 필요는 전혀 없다.

혼합정체로서의 대표제에 관해 다루면서, 대표의 민주적 성질과 비민주적 성질이라는 복층성에 관해 논했다. 지금 이 두 층에서 민주적인 층이 신뢰성을 잃어가고 있는 것은, 대표제 자체의 문제라기보다는 재귀적 근대화의 영향이 크다.

그렇다면 해결책은 대표제의 바깥쪽에서 민주적

인 층의 활동을 원조하는 데서 찾아도 좋다. 그렇게 하면 비민주적인 성질에 포함되는 긍정적인 효과를 유지하면서 개혁을 진행하는 것도 가능하다. 대표제를 옹호함으로써 문제 해결의 길이 열리는 것이다.

현대 민주주의에서는 유권자의 의견과 의회의 의견 사이에 괴리가 있다고들 한다. 민의가 반영되지 않고 정치가라는 특권 계급이 민주주의를 소홀히하며 사적인 이익 싸움에 몰두한다는 것이 일반적인 비판의 흐름이다.

그러나 만약 정치가의 싸움이 '사적'이라 비판 받는 이유가 단지 시민 각각의 의지와 동떨어져 있다는 것뿐이라면, 그 비판은 타당하지 않다. 모호하고 부정형적인 민의를 새롭게 다시 생각해 논의해서 정책 체계로 승화시키는 것이 대표제의 의의다. 이것마저도 민의에 대한 배반이라 비난한다면, 논의와 사고를 거부한다는 점에서 오히려 반민주적인 정치를 낳을지도 모른다.

시민에게 필요한 것은 정치가의 이기적인 행동과 민의에서 거리를 둔 논의를 적확하게 구별하는 것, 그리고 정치가의 논의가 적절하다고 용인할 수 있을 경우에는 항상 시민들이 지닌 의견의 움직임과 변화를 전하여 정책 논쟁의 재료를 제공하는 것이다. 직접민주주의를 추진하면서 그것을 대표제 재생의 촉매로 삼는 것이야말로 민주제 운영에 필요한 스탠스이며, 아무리 돌아가는 길이라 여겨질지언정 민주주의를 유지 및 발전시키기 위한 가장 넓은 길인 것이다.

결론

　마지막으로 이 책 전체의 논의를 정리해 본다. 대표민주주의는 무엇보다도 정치체의 규모가 거대해졌기 때문에 어쩔 수 없이 직접민주제 대신 도입된 필요악이 아니다.

　현대에 와서 대표제에 대한 비판이 거세지면서, 리더십 강화라는 관점에서는 수상공선제론이, 시민 간의 논의를 활성화한다는 관점에서는 숙의론이 제안되었다. 수상공선제에서는 시민과 수상이 직접 연결되는 형태로, 숙의론에서는 시민이 직접 입법부를 대신하는 형태로 일종의 직접민주제론을 전개한다. 그러나 두 가지 모두 직접민주제를 민주정치의 원형으로 보고 대표민주주의를 일탈된 형태로 파악한다는 점에서 다르지 않다.

　이에 관해 대표 개념을 둘러싼 논쟁을 살펴보면 대표제의 작동이 단순하지 않음을 알 수 있다. 대표의 특징에는 모순되는 두 요소가 있다. 첫째는 대표하는 자가 대표되는 자의 의견을 충실히 재현한다는 것이며,

둘째는 대표하는 자가 대표되는 자의 의견에 속박되지 않고 일정한 견해와 행동의 자유를 지닌다는 것이다. 둘은 종종 양자택일의 형태로 논의되지만, 실은 이처럼 모순된 요소가 병존하는 것에 대표 개념의 강점이 있다고 볼 수 있다.

대표민주주의도 이 대표 개념의 이중성을 이어받고 있다. 슘페터의 정의를 엘리트주의로 보는 비판이 있지만, 대표를 존중하는 것과 대표를 엘리트라 생각하는 것이 반드시 같지는 않다. 오히려 대표제의 근본에는 민의의 다양성과 유동성을 인정하고 민의에서 떨어져 나온 형태로 정치적 논의를 활성화시키려는 아이디어가 있다. 이때 대표제는 민의를 받아들이면서도 그 다양성에 주의하며 논의를 수행하고, 더 나아가 민의의 유동성에 입각해 항상 직접민주제적인 정치활동과 연락을 주고받으며 정치를 수행하는 모습을 취한다. 따라서 대표제는 직접제와 이질적인 고유의 의의를 지닌 정치제도라 할 수 있다.

대표제의 고유성은 직접제를 부정하지 않는다. 민의의 다양성이 전제되지 않는다면 대표제의 의의는 없어지므로, 대표제는 직접제의 활성화를 꾀해야 한다. 대표하는 자가 대표되는 자와 하나이면서도 분리되어 있다는 이중성은 정치가가 유권자와 하나이면서도 분리되어 있다는 이중성으로 구현되는 것이다.

　이러한 시점에서 수상공선제와 숙의론에 관해 다시 한번 돌이켜 살펴보자. 수상공선제는 민의가 그 자체로서는 통일되어 있지 않음을 전제로 한다는 점에서 현대의 민의의 다양성 및 유동성을 정면으로 받아들인다. 결정 못하는 정치를 리더십을 통해 타개하려는 시도는 단지 정치가 사이에서의 불화를 극복하는 시도가 아니라, 민의의 분단을 뛰어 넘는 시도이기도 하다. '붕 뜬 민의'라는 표현은, 민의의 자의적인 해석에 기반한 독재를 의미할 때 허용할 수 없는 것이 된다. 그러나 통일적인 민의의 부재를 전제로 하되 정치가의 역량으로 민의의 방향을 그려나가는 것이라면 결코 민주주의에 위배되지 않으며 유권자에게 어필하는 힘 또한 지니고 있다.

　다만 공선제는 어디까지나 정치가 개인의 자질과 기량에 많이 기대는 제도다. 한 사람의 인간이 다원적인 민의를 동시에 대표하는 것을 불가능하므로, 공선수상의 선출은 정책의 좋고 나쁨보다는 리더가 제공하는 이야기의 매력에 좌우되는 부분이 크다. 정책과 달리 이야기의 매력에 대해서는 다수가 합의 가능하므로, 유권자는 공선수상과의 일체감을 느끼기 쉽다. 시민이 직접 선출한다는 측면뿐 아니라, 이 일체감의 측면에서도 공선제는 직접민주주의의 색채를 강하게 띄고 있는 것이다. 그리고 스토리텔링의 효과가 가장 두드러지는 것은 정책 논쟁에서가 아니라 다른 정치가의 자질에 대한 비판 국면에 접어들었을 때다. 정치 부패가 현저하고 기성의 정당과 정치가에 대한 비판이 거세지는 상황이나 결단력 없는 정치가와 대비되는 상황에서 수상공선제는 강한 지지를 받게 된다.

그러나 대비되어야 할 마이너스 요인이 사라졌을 때, 혹은 그 요인에 대한 비판이 점차 사그라들었을 때, 공선수상의 매력 또한 저하되며 그때까지 수면 아래 숨어 있던 정책적 대립이 표면화된다. 결과적으로는 강력한 리더가 일시적으로 나타난다 할지라도 정책상의 대립이 해소되지 않았음이 분명해진다. 그럼에도 여전히 공선제가 바람직할 것이냐, 이것이 공선제를 논할 때의 근본적인 쟁점이다.

숙의 또한 수성공선제와 마찬가지로 민의의 단편화와 유동화를 심각하게 받아들인다. 사람들의 의견이 서로 다르기에 비로소 토론이 수행되며, 시민 각자가 자신의 의지를 새로이 재고하고, 필요하다고 생각되면 선호를 바꿔야 한다. 단지 지금 거기에 있는 민의가 존중받을 뿐 아니라, 그 민의를 유권자 스스로가 정책 체계로 통합해 나간다는 점에서 철저한 민주주의다. 민의에 대한 되물음이 포함된다는 것은 예를 들어 단순한 국민투표·주민투표나 이니셔티브 등의 시도와 비교해도 직접민주주의가 한층 민주화되어 있음을 의미한다.

그러나 숙의민주주의의 난점은 민의의 되물음을 수행하는 주체가 그대로 민의의 주체이기도 하다는 데 있다. 이미 지니고 있는 민의와 다시 되물어진 민의 사이에 있는 거리는 제도적으로 확보되는 것이 아니라 시민 혹은 유권자의 자각과 노력에 의거한다. 다단계로 반복되는 토의나 균형 잡힌 전문적인 해설은 민의의 재검토를 용이하게는 할 것이다. 그러나 재검토를 수행하는 유권자가 같은 인물이라는 점에 차이는 없다. 따라서 숙의가 성공하기 위해서는 유권자의 정치 교육과 정치 체험의 축적이 중요시된다. 이것을 부담으로 느끼는가 시민으로서 당연한 정치참여로 느끼는가에 따라 숙의에 대한 평가도 달라지는 것이다.

대표제는 이처럼 직접민주제적인 시도와 다른 사상을 배경에 두고 있다. 수상공선제는 매력적인 리더에 의해서, 숙의는 정치에 적극적으로 관여하는 시민에 의해서, 모호한 민의에 형태의 부여를 시도한다. 그러나 대표제는 대표와 시민이라는 이중의 주체를 준비함으로써 민의의 다양성에 대응하려 한다.

시민은 민의의 주체이기는 하지만 통합된 전체적

인 정치 체계를 사전에 가지고 있지 않다. 이것은 민주적인 논의의 출발점이지만, 도달점은 아니다. 대표는 민의의 주체된 시민의 선호를 받아들여 그것을 명확한 정책 체계로 종합하려 한다.

시민 입장에서는 원래 지니고 있던 민의가 타인에 의해 변화되는 셈이다. 이런 의미에서 민의는 왜곡된다고 볼 수 있다. 그러나 민의의 변화야말로 정책의 실현을 가능하게 하는 것이다.

또한 시민 간의 견해 차이가 의회에서 재현되기 때문에, 시민 간 숙의는 선행 모델을 획득하게 된다. 대표에게 민의의 변화를 맡기는 것도 가능하지만, 이번은 반대로 대표의 논의 모델이 된다. 대표제는 직접제를 배제하지 않지만, 직접제적인 방법을 사용하는 여부의 결정권은 시민에게 있다. 대표제는 대표와 시민이라는 두 극의 주체를 준비함으로써 민주제를 동적으로 운영하는 것을 가능하게 한다.

이같은 대표의 기능은 직접제적으로는 민의를 반영하지 않는다. 이와 더불어 대표의 논의만으로는 정치적 결정까지 도달하기 어렵기 때문에, 시민의 입장에서 알기도 어렵고 번거롭다. 의회에서 대표에 의한 토의를 바로 접하면서도, 다시 끓인 차처럼 시민 스스로도 논의를 하는 것이 바람직하다고 여겨지기 때문이다. 만약 대표만으로 정해지지 않는 상황이라면, 아예 시민이 토의를 하면 좋다는 결론 또한 나올 수 있다.

그러나 이같은 이중의 토의는 결코 쓸모없는 작업이 아니다. 시민들 사이에 의견의 차이가 있음을 존중하기에 단순히 시민 자신이 정하는 것이 아니라 이중으로 토론의 장을 만들어 양자의 상호작용 속에서 신중하게 민의를 형성해 나가는 것이 대표제의 기본이다.

민주주의는 인민에 의한 정치다. 그러나 대표제에서는 그 누구도 '우리들이야말로 인민'이라고 단언할 수 없다. 이 "인민" 자체를 다듬어 나가려는 제도가 바로 대표민주주의인 것이다.

인민에 의한 정치를 실현하기 위해서는 인민의 정치만으로는 부족하다는 것이 대표제의 주장이다. 이러한 의미에서 대표제는 민주주의에 대해 더 비판적인 민주제라고 할 수도 있다. 그러나 어떤 정치제도라 할지라도 보통은 결점이 있다. 그리고 스스로의 결점을 인정하지 않는 정치적 시스템은 역사상 여러 번 정치적인 파국을 초래해 왔다.

다원성이 증대하는 현대에서 정치적인 파국은 허용되지 않는다고 진지하게 생각한다면, 설령 아무리 번거롭고 쓸모없어 보이더라도 대표민주주의의 사상과 고안은 무시할 수 없는 중요성을 가지고 있다 할 수 있다.

저자 후기

대표민주주의는 그다지 재미없는 주제다. 혁명이나 시위 같은 화려한 광경과는 거리가 멀기 때문이다. 오히려 정치가의 이권 독점이나 대중의 정치적 무관심 등 민주주의의 관점에서 부정적인 요소만 눈에 들어온다.

그러나 정치불신의 책임을 모두 대표제 탓으로 돌리는 것 또한 너무 단편적이다. 다행히도 해외에는 대표제의 사상사라고도 부를 만한 연구의 흐름이 존재한다. 이 책은 이를 바탕으로 대표제 옹호의 입장에서 정치 현황을 고찰했다.

해외 연구를 수입하기만 하면 된다는 말은 아니다. 그러나 오랫동안 시민참여의 확대가 과제였던 일본에서는 대표제론은 허술하다. 그렇다면 해외로부터의 자극도 받아들이면서, 새롭게 수상공선론이나 숙의론을 고찰하는 것에도 의미는 있다.

또한 일본의 독자적인 대표제의 사상사를 서술하는 것 또한 불가능하지 않다는 예감도 있다. 지금부터

착수해야 할 과제이기는 하지만, 나는 서장에 인용한 후쿠자와 유키치의 글이 그러한 가능성을 시사하고 있다고 본다.

이 책은 일반서이기도 해서 전체적인 윤곽과 제한된 몇가지 사례를 가설적으로 제시한 것에 불과하다. 또한 쟁점을 부각시키기 위해 일부러 극단적인 논지를 제시한 부분도 많다. 전체 구성이 이것으로 괜찮은지, 사례의 선택은 적절한지, 각 파트의 해석은 타당한지와 같은 학술적인 문제는 이후 새롭게 자세히 검토할 필요가 있다.

불충분한 윤곽에 불과하지만 이 책을 펴낸 데에는 이유가 있다. 개별적인 사상가 연구에서는 대표제론이 자주 다뤄지는데, 이를 한데 정리한 전체상을 찾을 수 없었기 때문이다. 전체상에 대한 의식 없이 나아가는 연구의 문어단지화*는 오히려 대표제로부터 멀어짐을 가속화시킬 뿐이다. 이 책이 '대표제라는 관점에서 본 사상사와 이론사는 불필요한가'라는 문제 제기로 받아들여지기 바란다. 더 적절한 윤곽을 그릴 수도 있다

---

* 구멍에 잘 들어가는 문어를 잡기 위해 긴 줄에 매달아 바닷속에 가라앉혀 두는 단지로, 파편성, 단편성, 폐쇄성의 상징으로 쓰인다. ─옮긴이

는 비판은 필자에게 오히려 환영할 만한 일이다.

이 책의 출간에 즈음하여 릿쇼대학 입시센터 직원 여러분에게 감사의 말씀을 올리고 싶다. 나는 2007년 4월부터 2013년 3월까지, 이 센터의 대표직을 맡았다. 일반 기업으로 말하면 영업직에 해당하며, 출장과 학내 조정 등에 많은 시간을 쓰게 된 것이다. 연구자로서의 커리어를 버릴 마음은 털끝만큼도 없었지만, 실질적으로는 연구의 길로 돌아가지 못하게 될 가능성 또한 머리를 스쳐갔던 것이 사실이다.

그러나 결과적으로는 어떻게든 연구활동을 계속할 수 있었다. 직원 여러분이 나를 연구자로서 존중해 주었기 때문이다. 대학의 자치 혹은 교수회 자치라는 말이 종종 나온다. 센터장을 맡은 6년 동안 그 자치가 사무직원을 포함한 수많은 대학 관계자에 의해 유지되고 있음을 배웠다. 매년 입시 전날은 숙박을 하면서까지 설영 작업을 했으며, 저녁 때는 근처 음식점에서 사 온 음식을 놓고 다같이 둘러앉아 식사를 했다. 이 추억이 책을 집필할 때 버팀목이 되었음을 여기에 적어 둔다.

또한 이 책에 실린 내용과 아이디어의 일부는 '"숙의"에 숨은 대립 격화'(요미우리신문 조간, 2011년 1월 31일), '투표와 사랑—AKB로 생각하는 일본의 총선거'(릿쇼대학 오픈캠퍼스 모의수업, 2013년 8월 17일) 및 홋카이가 쿠엔대학에서 열린 일본 정치학회에서의 코멘트(분과회 '대표제의 정치사상', 2013년 9월 15일)를 통해 공표된 것이다. 관계자 여러분, 특히 학회 분과회에 초대해주신 오다가와 다이스케 씨, 동 분과회에서 흥미로운 보고를 해주신 고바야시 요시노리 씨, 타바타 신이치 씨에게 다시 한번 감사의 말씀을 드린다.

후코샤의 이누즈카 미쓰루 씨가 이 책의 집필을 처음 제안했던 것은 2010년 말이었다. 원래 예정보다 완성이 크게 늦어져 대단히 죄송한 마음이다. 또한 앞서 말한 것과 같이 근무하는 대학에서의 사정도 있어 초고는 상당히 완성도가 낮았다. 그로부터 얼마나 만회했는지는 모르겠지만, 만약 조금이라도 글과 내용에 개선이 있다면 출판사의 교정·검토 작업에 빚지고 있음이 확실하다. 감사의 마음을 표하고 싶다. 물론 이 책에 부족한 점이 있다면 모두 필자의 책임이다.

2014년 6월 11일
하야카와 마코토

미주

서장

1. 文部省, 『民主主義』 (径書房, 1995).
2. Bernard Crick, *In Defence of Politics* (Continuum; 5th edition, 2005).
3. 東京大学社会科学研究所, '代表制の政治思想史: 三つの危機を中心に', 『社会科学研究』 52(3), 5-36, 2001.
4. 福澤 諭吉, 『新訂 福翁自伝』, 福沢 諭吉(岩波書店, 1978).

1장

5. 弘文堂編集部, 『いま、「首相公選」を考える』 (弘文堂, 2001).
6. 水田洋 訳, 『リヴァイアサン』 (岩波書店, 1992), 일본어판을 번역.
7. 大石 眞 外, 『首相公選を考える―その可能性と問題点』 (中央公論新社, 2002).
8. 佐々木 毅, '首相公選制と現代日本の政治', 『首相公選を考える』.
9. 読売新聞大阪本社社会部, 『橋下劇場』 (中央公論新社, 2012).
10. 吉田 徹, 『ポピュリズムを考える―民主主義への再入門』 (NHK出版, 2011).
11. 菅原 琢, 『世論の曲解―なぜ自民党は大敗したのか』 (光文社, 2009).

2장

12. 佐々木 毅・清水真人 編著, 『ゼミナール 現代日本政治』 (日本経済新聞出版, 2011).
13. Jürgen Habermas, *Die Einbeziehung des Anderen: Studien zur politischen Theorie* (Suhrkamp, 1996), 『他者の受容』 (法政大学出版局, 1996).
14. Jürgen Habermas, *Der gespaltene Westen* (Suhrkamp, 2004). 『引き裂かれた西洋』, 大貫 敦子 外 訳, (法政大学出版局, 2009). 『분열된 서구』,

장은주 외 옮김 (나남출판, 2009).

15. Jürgen Habermas, *Erläuterungen zur Diskursethik* (Suhrkamp, 1991). 『討議倫理』, 清水 多吉·朝倉 輝一 訳, (法政大学出版局, 2013).

16. 油井 大三郎·遠藤 泰生 編集, 『多文化主義のアメリカ─揺らぐナショナル・アイデンティティ』 (東京大学出版会, 1999).

17. 田村 哲樹 編, 『政治の発見⑤ 語る』 (風行社, 2010).

18. 篠原一, 『市民の政治学』 (岩波書店, 2004).

19. 大山 礼子, 『日本の国会─審議する立法府へ』 (岩波書店, 2011).

20. 飯尾潤, 『日本の統治構造─官僚内閣制から議院内閣制へ』 (中央公論新社, 2007).

21. 田村 哲樹, 『熟議の理由─民主主義の政治理論』 (勁草書房, 2008).

22. 山崎 望, 『来たるべきデモクラシー─暴力と排除に抗して』 (有信堂高文社, 2012).

23. 田村 哲樹, 『模索する政治─代表制民主主義と福祉国家のゆくえ』 (ナカニシヤ出版, 2011).

3장

24. 猪口 孝·岡沢 憲芙, 『政治学事典』 (弘文堂, 2000).

25. 『北大法学論集』.

26. 『政治家と有権者の共同作業～総選挙を意義あるものとするために～』 (2000) 문서.

27. 『政権公約(マニフェスト) に関する緊急提言~新政治改革宣言·政党の立て直しと政治主導体制の確立~』 문서.

4장

28. Carl Schmitt, *Die geistesgeschichtliche Lage des heutigen Parlamentarismus* (1923).

29. Joseph A. Schumpeter, *Capitalism, socialism and democracy*, (1942).
   30. 橋場 弦, 『丘のうえの民主政─古代アテネの実験』 (東京大学出版会, 1997)

31. 伊藤 貞夫, 『古典期アテネの政治と社会』 (東京大学出版会, 1982)

32. 澤田 典子, 『アテネ民主政─命をかけた八人の政治家』 (講談社, 2010)

33. Aristotles, *Politics.* 『정치학』 (김재홍 옮김, 길, 2017).

찾아보기